KNODERER 1979

LES FERMES

# DU PETIT ATLAS.

3305

8° Lk8
904

PARIS. — IMPRIMERIE SCHNEIDER ET LANGRAND.
rue d'Erfurth, 1.

# LES FERMES

## DU PETIT ATLAS,

OU

# COLONISATION

## AGRICOLE, RELIGIEUSE ET MILITAIRE

## du nord de l'Afrique,

PAR L'ABBÉ LANDMANN,

Curé de Constantine.

> Si l'Algérie était la propriété d'un peuple actif et civilisé, elle pourrait, même dans la génération présente, aspirer à la plus grande prospérité, et à la gloire de civiliser ce vaste continent.
>
> (WILLIAM SHALER, consul général des États-Unis dans l'ancienne Régence, *Esquisse de l'état d'Alger*, chap. VI.)

PARIS,

CHEZ PERISSE FRÈRES, LIBRAIRES,

8, RUE DU POT-DE-FER SAINT-SULPICE;

CHEZ DEBÉCOURT, LIBRAIRE,

69, RUE DES SAINTS-PÈRES.

1841

# TABLE.

—

# Récit préliminaire.

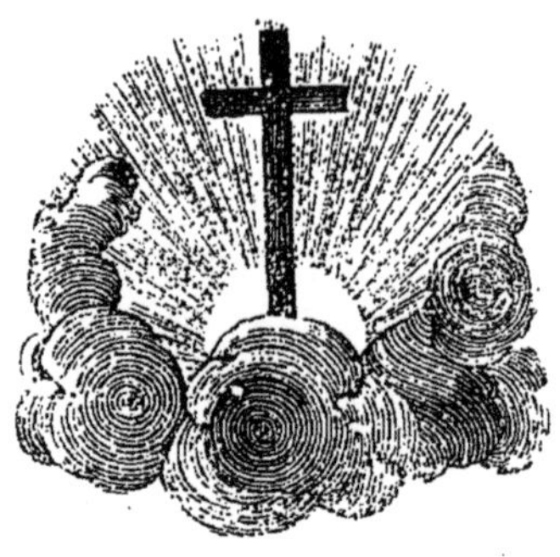

BIBLIOTHÈQUE NATIONALE R.F.

La première idée du projet d'association que je présente me vint, il y a près de six ans, lorsque j'exerçais le saint ministère à Schélestadt, dans le diocèse de Strasbourg. J'avais vu un grand nombre de familles de l'Alsace, ainsi que de la Bavière rhénane, du duché de Bade, du Wurtemberg et de la Suisse, abandonner leurs foyers pour aller en Amérique, et j'éprouvais un sentiment profond de tristesse, en voyant tant de pauvres gens quitter ainsi leur patrie. Malheureux qu'ils sont, me disais-je, ils vont chercher bien loin, dans les savanes du Nouveau-Monde, un pain de douleur pour eux et pour leurs enfants; ils affrontent les dangers d'un voyage de deux mille lieues pour une fortune incertaine, et peut-être pour le désespoir, tandis que la France possède sur les bords de la Méditerranée, à deux journées de Marseille, des terres immenses et fertiles, qui pourraient devenir la plus florissante colonie. Plein de cette idée, et persuadé que ce serait rendre un grand service à des milliers d'infortunés et à la France elle-même, de diriger ces migrations périodiques sur les points de l'Algérie les plus propres à la colonisation, je sollicitai longtemps de mon évêque, et j'obtins la permission de quitter le saint ministère pour me vouer à cette œuvre. Je consacrai trois années entières à voyager en Allemagne, en Suisse, en France et en Italie, pour y faire les études et les recherches nécessaires à une si grave entreprise. A Munich, à Lyon, à Marseille, à Rome, partout, mon projet fut applaudi, et ces encouragements flatteurs auraient suffi pour déterminer ma nouvelle mission, si déjà je n'en avais eu la conviction la plus intime.

De retour à Marseille pendant l'été de 1838, comme j'étais occupé à recueillir toutes mes observations et à rédiger mon projet, avant de passer en Afrique, je fus mis en rapport avec un homme, dont le nom a été cité souvent avec éloge dans les journaux. C'était le prince de Mir, qui venait de l'Algérie, après y avoir fait lui-même des essais généreux, et qui paraissaient pleins d'espérance. Le prince me proposa de travailler de concert avec moi, et j'y consentis d'autant plus volontiers, que je le croyais également capable de me comprendre et de me seconder. En effet, il entra sans peine dans toutes mes vues, et je me flattais de les voir bientôt se réaliser avec son noble concours. Tout contribuait alors à m'inspirer cette confiance; outre la renommée dont il jouissait à Marseille, j'étais frappé du témoignage honorable que ses premières entreprises avaient reçu dans les deux chambres pendant la session de 1837.

M. le duc de Mortemart, qui avait visité lui-même ses établissements de la *Rassauta*, à l'est d'Alger, disait dans son discours sur la question d'Afrique : « C'est là que le prince de Mir, avec ses « enfants et quelques domestiques, a établi sa ferme « principale, bâti de petites métairies et défriché « de vastes terrains avec le seul secours des Arabes, « qui ne lui ont jamais manqué ni dans le besoin « ni dans le danger. Lié avec les marabouts du « pays, reconnu comme *marabout chrétien* lui-« même, il a conquis l'estime et l'affection de ces « peuplades. Il n'a pour fortification que la croix « qui surmonte sa demeure et une cloche qui ap-« pelle sa famille à la prière. Dans la caserne que, « par une clause de son marché, il a été obligé de « bâtir, il n'a jamais reçu un seul soldat : toute sa

« garnison se compose de bonne foi, de fidélité à « sa parole, et d'autres vertus chrétiennes. »

J'avais donc assez de motifs pour accepter avec empressement les propositions du prince. Quand Monseigneur l'évêque d'Alger passa par Marseille, nous fûmes invités à une assemblée qui eut lieu au palais épiscopal, et à laquelle assistèrent M. le préfet des Bouches-du-Rhône, et plusieurs des membres les plus distingués du commerce et du barreau de cette ville. Notre plan y fut proposé, discuté et généralement adopté, après quelques légers amendements. Voici une partie du *Prospectus* qui parut alors à Marseille :

## ANNONCE

### D'UNE COMPAGNIE CHRÉTIENNE

POUR LA COLONISATION AGRICOLE ET LA CIVILISATION DU NORD DE L'AFRIQUE.

« A l'époque où la prise d'Alger fut connue, et dans les premières années qui suivirent cet événement, tout le monde n'en comprit pas l'importance.

« Un royaume entier conquis en quelques jours par le courage de nos jeunes soldats ; la piraterie, cette accusation permanente contre la civilisation des grandes puissances de l'Europe, frappée au cœur; les tributs imposés à plusieurs nations chrétiennes et l'esclavage des sujets chrétiens abolis : n'était-ce pas un triomphe tout à la fois chrétien, européen et français?

« En France, toutefois, les esprits ne furent point également disposés à admettre d'abord ce point de vue.

« Des préoccupations politiques d'une autre nature sollicitaient alors trop vivement leur attention pour qu'elle pût se reposer, d'une manière convenable, sur la gloire de cette conquête et sur l'utilité de ses résultats.

« Chez quelques-uns l'indifférence, chez d'autres la prévention, avait formé comme un nuage qui leur dérobait l'évidence des choses.

« Alger fut donc traité d'abord avec froideur, avec parcimonie; disons le mot, avec répulsion.

« Garderait-on cette terre? Se bornerait-on à « en occuper quelques points? Devait-on, dans « tous les cas, pousser à sa colonisation? »

« Telles étaient les questions qui s'agitaient encore naguère, et dont la solution avait été renvoyée pendant longtemps.

« Cette hésitation était mortelle; elle arrêtait toute entreprise de la part de nos colons, et devait nécessairement nous compromettre aux yeux d'un peuple qui estime par-dessus tout la fermeté dans les desseins.

« Les Arabes, attribuant à la faiblesse une indécision qui ne leur avait point échappé, osèrent la considérer comme le présage d'un abandon prochain.

« De là, des hostilités continuelles de leur part, des répressions rigoureuses de la nôtre ; de là, des expéditions incessantes, des dépenses interminables, une situation toujours agitée ; de là, en définitive, des incertitudes nouvelles sur la ligne de conduite à tenir.

« Que faire d'un pays où les mœurs se révélaient
« si inhospitalières, où les indigènes montraient
« si peu de sympathie pour nous ; dont le climat,
« le sol et les productions ne méritaient pas au
« demeurant, disait-on, tant et de si grands sacri-
« fices? »

« Il a bien fallu à la fin traiter à fond toutes ces questions à la tribune ; les Chambres françaises en ont retenti, et, grâce au ciel, après les solennels débats qui ont eu lieu, il ne reste plus aujourd'hui aucun doute sur tous ces sujets.

« Aujourd'hui, enfin, les faits sont connus ; l'importance politique, commerciale, agricole du nord de l'Afrique n'est plus contestée par personne ; les obstacles prétendus inhérents au pays ou aux individus se sont évanouis dès qu'on les a examinés de près.

« Il a été reconnu que le climat n'avait en lui-même rien d'insalubre, et que les précautions hygiéniques, les plus faciles à prendre, suffisaient pour prévenir les maladies ; que le sol, aride sur quelques points, était dans sa plus grande étendue d'une fertilité remarquable ; qu'il pouvait fournir en abondance tous les produits de l'Europe : l'olivier, le mûrier, le tabac, la garance, le blé, et de plus, le coton et l'indigo, sources de richesses inappréciables ; que les indigènes, sensibles à l'influence de la force, de l'éclat et de la piété, devaient entrer facilement en relations d'affaires avec nous, dès que nous aurions attiré leur confiance par un système arrêté, digne à la fois et conciliateur, par le spectacle d'une civilisation brillante et douce, et surtout par l'effet moral attaché à l'exercice public d'une religion, qui donne aux mœurs un heureux mélange d'expansion et de gravité.

« La question d'Alger s'est présentée dès lors aux économistes comme une question d'agrandissement des richesses nationales ; aux hommes politiques, comme renfermant tous les éléments d'une puissance et d'une prospérité nouvelles pour la France, qui doit y gagner 250 lieues de côtes sur une mer, devenue le théâtre de tous les grands événements ; aux hommes de foi, de morale et de progrès, comme une mission de civilisation chrétienne.

« Le gouvernement lui-même, entrant dans la voie qui lui est tracée par l'opinion publique, songe sérieusement à compléter l'ouvrage si glorieusement commencé par nos armées à Constantine, en appelant à lui l'aide pacifique et puissant de la religion catholique.

« Monseigneur Dupuch, nommé tout récemment évêque d'Alger, s'avance vers son siége environné d'une réputation égale à son mérite ; il va consacrer sa vie à faire fleurir cette terre si longtemps déserte, et ses généreux efforts promettent à notre belle colonie africaine des destinées plus assurées et plus prospères.

« C'est le moment de s'occuper plus que jamais de colonisation. Aussi, trouvant l'occasion favorable, deux hommes que la Providence seule a mis en rapport entre eux, le prince de Mir, noble débris de la nationalité polonaise, aujourd'hui grand propriétaire de terres à Alger, le premier Européen qui ait dépassé nos avant-postes pour aller planter son pavillon au milieu des Arabes, et M. l'abbé Landmann, qu'une vocation particulière a arraché depuis plusieurs années aux occupations paisibles du ministère pastoral qu'il remplissait en Alsace, pour se vouer absolument aux intérêts religieux de l'Afrique, viennent nous présenter de concert un projet mûri par eux depuis longtemps, qui, tout en laissant place à la spéculation particulière, serait de nature à avancer singulièrement le résultat général que la France poursuit.

« Acheter, aux conditions les plus avantageuses possibles, une vaste étendue de terre dans la circonscription d'Alger, pour la répartir ensuite, à des prix modérés, payables à terme, avec toutes les facilités désirables, entre des familles agricoles, honnêtes et d'une moralité reconnue, qu'on appellerait de l'Alsace et des divers pays qui sont en possession de fournir chaque année de nombreux émigrants à l'Amérique ; former de plusieurs fermes ainsi réunies des villages européens au milieu des tribus arabes ; exciter par ce rapprochement l'amour-propre des indigènes, les amener peu à peu par cet exemple à imiter nos habitudes et à perfectionner leur travail, et opérer à la longue une fusion complète entre eux et nous : tel est, en peu de mots, le plan généreux conçu par le prince de Mir et M. l'abbé Landmann ; tel est le problème simple et sublime en même temps qu'ils veulent tenter de résoudre.

« Dans leurs idées, comme on le voit, le prosélytisme religieux ne s'exercerait pas d'une manière directe ; mais il ne concourrait pas moins à faire refleurir, sur cette même terre, cette antique foi catholique, qui y brilla jadis avec tant d'éclat ; et leur but n'en serait pas moins complétement atteint.

« L'église serait placée à côté du caravansérail, et l'école tout près d'un hospice.

« Ainsi, notre civilisation attirant les Arabes d'une manière insensible, sans avoir la prétention de les gêner dans leur culte, les familiariserait par degrés avec le nôtre, ouvrirait doucement leurs âmes à ses influences bienfaisantes, et les soumettrait, à leur insu, pour ainsi dire, à l'empire de cette croix puissante qui a civilisé le monde.

« On comprend combien est grande l'entreprise méditée par le prince de Mir et son digne coopérateur.

« On comprend qu'en définitive elle doit avoir pour objet de consolider la conquête de la France, en faisant bénir son nom.

« Et toutefois, qu'on se garde bien de la considérer comme une pure utopie inspirée par l'amour de l'humanité et les plus purs sentiments de la vraie foi.

« Les conditions du succès en ont été combinées depuis longtemps.

« M. l'abbé Landmann y a consacré plusieurs années d'études, de méditation et de voyages.

« On peut dire que par ses soins tous les éléments d'une colonie sont préparés dès à présent en Alsace et en Allemagne. »

Cette annonce, bien accueillie du public, fut suivie de la formation d'un comité, et en peu de temps il y eut un grand nombre de souscriptions.

Quand je vis les affaires ainsi en bon train, je crus qu'il était temps d'aller moi-même à Alger, pour examiner et choisir les lieux propres à l'emplacement de nos villages ; j'y arrivai dans les premiers jours de janvier 1839. Mais je n'y fus pas longtemps sans me convaincre que le moment favorable à mon œuvre, et la fin des sacrifices de la France en Afrique n'était pas encore venue. Le maréchal se déclara contre le projet, parce que le système adopté à cette époque était l'occupation pure et simple. Peut-être aussi croyait-il que l'association était l'œuvre du prince de Mir, et qu'elle était destinée à venir au secours de la compagnie en commandite pour l'exploitation de ses concessions de la Rassauta.

Dans cette occurrence, je voulus attendre que

les événements eussent fait justice du système, et profiter de mon séjour pour bien examiner et connaître le pays. Je parcourus donc à loisir le Massif, le Sahel, la plaine de la Metidja et le pied du petit Atlas. Je vis la plupart des établissements de nos colons sur ces différents points, depuis le plus petit jardinier, qui travaillait sa terre avec la bêche, jusqu'au riche colon qui mettait en mouvement trois à quatre charrues. J'entrai avec eux dans les plus petits détails sur leurs travaux, leurs semis, leurs plantations et leurs récoltes. Je comparais ce que j'avais sous les yeux, avec ce que j'avais observé dans les différentes parties de l'Europe, et plus j'examinais, plus je me convainquais de la supériorité du sol africain sur le nôtre.

Mais je fis en même temps une observation importante ; c'est que le plan proposé à Marseille était insuffisant, et qu'il était même nécessaire de lui faire subir de grandes modifications. Je vis aussi, à mon grand regret, s'évanouir les espérances que m'avait fait concevoir l'illustre colon de la Rassauta. Tout semblait contrarier mon entreprise ; la confiance en Dieu restait seule dans mon cœur, avec l'intime conviction des grandes destinées de la France en Afrique.

Sur ces entrefaites, Monseigneur m'ayant témoigné le désir de m'envoyer à Bougie, où l'on demandait à grands cris un curé, je m'embarquai pour cette ville, et pendant cinq mois, j'y exerçai les fonctions pastorales, profitant des moments de loisir pour continuer mes observations agronomiques. Au bout de ce temps, Monseigneur me fit revenir de Bougie, non pas pour me laisser poursuivre l'exécution de mes plans, mais pour me charger encore du saint ministère à Constantine, en remplacement de M. Suchet, nommé grand vicaire. Je crus voir dans ces circonstances la main de la Providence, qui voulait me faire connaître à fond l'Algérie, afin que je pusse, dans la suite, agir avec plus de succès, pour l'œuvre de la colonisation, quand le moment favorable serait enfin venu, et je partis pour Constantine, plein d'espoir et d'ardeur.

Ma mission était belle dans cette ville ; j'avais à soigner, sous le rapport spirituel, cinq hôpitaux militaires qui contenaient toujours, terme moyen, cinq cents malades, et j'ai vu de mes yeux combien le ministère ecclésiastique y était consolant et indispensable. Car il ne faut pas croire qu'en Afrique le soldat soit irréligieux ou indifférent comme en France. A plusieurs centaines de lieues de sa famille, entouré d'hommes de langage, de mœurs, d'habillements si différents des nôtres, il rentre involontairement en lui-même ; les illusions font place à de sérieuses pensées, il se souvient des paroles saintes qu'il apprit dans son enfance, et lorsque, dans le camp, au milieu d'une nature sauvage et silencieuse, il entend toutes les nuits, à tous les quarts d'heure, retentir autour de lui ce cri solennel, répété par vingt bouches : « Sentinelle, prenez garde à vous, » il élève son cœur et ses yeux vers le Dieu de ses pères. Aussi est-ce une chose excessivement rare de voir qu'un soldat bien malade, je ne dis pas refuse, mais ne demande pas lui-même les secours du prêtre. Tant il est vrai que la foi n'est pas éteinte dans les cœurs, et que la religion peut encore fleurir sur le sol africain.

A côté des cinq hôpitaux militaires, j'avais l'hôpital civil, qui ne me donnait pas moins de consolations. Je crois que quelques détails sur cet établissement ne seront pas sans intérêt pour le lecteur.

Ce fut vers le milieu de 1839 que l'hôpital civil de Constantine fut fondé, de concert, par Monseigneur l'évêque d'Alger et par M. le général de Galbois. M. le général nomma à cet effet un comité d'administration, sous le titre de comité de bienfaisance, qui fut composé de six membres : du sous-intendant militaire, comme président ; du payeur de l'armée, comme trésorier; du curé, comme directeur, et de trois membres indigènes des plus distingués de la ville. Le service de l'hôpital fut confié à quatre sœurs de Saint-Joseph de l'Apparition. Le conseil municipal de la ville vota d'abord, sur la proposition de M. le général, une somme annuelle de 4,000 francs, pour la fondation et l'entretien de l'établissement ; et plus tard, M. le maréchal Valée, venant à Constantine avec Monseigneur le duc d'Orléans, proposa au conseil de voter encore une somme de 2,400 francs pour l'entretien des sœurs ; le conseil, quoique tout composé de Turcs et d'Arabes, trouva que ce n'était pas assez et vota 3,000 francs. Cette somme, comme la première, devait être prise sur les revenus de l'église catholique (1).

Son Altesse royale Monseigneur le duc d'Orléans, après avoir visité avec la plus scrupuleuse attention tous les hôpitaux militaires, et ordonné plusieurs mesures extrêmement importantes pour l'état sanitaire des malades, voulut bien honorer l'hôpital civil de sa présence; elle en parut très-satisfaite, et, quoiqu'elle eût déjà fait distribuer une somme de 5,000 francs aux indigents arabes de la ville, et quelques centaines de francs aux indigents israélites, elle envoya encore le même jour, par son aide de camp, 500 francs pour l'hôpital civil, et 300 francs pour l'église. Vers la même époque,

(1) Voir la note I à la fin du volume.

Monseigneur l'évêque envoya pour l'hôpital un billet de 1,000 francs, et depuis, Sa Grandeur a encore envoyé une somme de 3,000 francs pour son agrandissement. Mais revenons à notre narration.

Le mobilier, pour monter l'hôpital, étant arrivé à Constantine presque en même temps que moi, et M. le grand vicaire, voulant rester encore quelques jours pour m'initier dans ce nouveau ministère, nous nous mîmes ensemble au travail ; nous montâmes nous-mêmes les fers de lit, nous achetâmes de la laine, nous fîmes faire des matelas, et, vers le 1er novembre de la même année, il y eut seize lits pour recevoir les malades. Les premiers qui se présentèrent furent des Français ; mais bientôt il en vint de toutes les nations, des Arabes, des Turcs, des Kabaïles, des Juifs, des Schawas, des Maltais, des Italiens, des Piémontais, des Suisses, des Espagnols. La charité, comme Dieu dont elle émane, ne faisait exception de personne, et tous, indistinctement, recevaient les mêmes soins, étaient traités avec le même amour.

Le dispensaire, où tous les pauvres pouvaient venir, tous les jours, se faire panser, consulter le médecin et recevoir les médicaments gratis, avait été ouvert vers le commencement de juin 1859. Le chirurgien en chef des hôpitaux militaires de Constantine, M. le docteur Deleau, avait été désigné par M. le général pour donner des consultations, et il s'est acquitté de cette commission d'une manière qui lui fait le plus grand honneur. Il était secondé par M. Suchet, alors curé, qui prenait note des infirmes, de leurs maladies et des remèdes prescrits, et les faisait exécuter par les sœurs.

On ne saurait croire combien ces religieuses rendent déjà de services à l'Algérie. Parmi elles, il y en avait une, sœur Calliste Bousquet, de Toulouse, d'une activité, d'un zèle et d'un dévouement au-dessus de tous les éloges ; aussi était-elle vénérée, adorée, pour ainsi dire, par les Arabes.

Il accourut bientôt une grande quantité de malheureux, affligés de toute espèce d'infirmités ; et lorsque je vins à Constantine pour remplacer M. Suchet, nommé grand vicaire titulaire, il se présentait déjà tous les jours de soixante à cent infirmes.

J'étais toujours à côté du médecin quand il donnait ses consultations, je lui servais quelquefois d'interprète; j'inscrivais ses ordonnances et les faisais exécuter ; je secondais les religieuses quand elles ne pouvaient suffire au travail ; et il m'est arrivé, presque tous les jours, d'avoir à panser quinze à vingt malheureux couverts d'ulcères. Pour témoigner leur reconnaissance, les indigènes apportaient souvent aux sœurs des œufs, des dattes, des poules et même des moutons. Il est très-rare de voir quelqu'un, quand il est guéri, s'en retourner chez lui, sans venir au moins nous exprimer ses sentiments de reconnaissance, et très-souvent, avant de quitter l'hôpital, ils me baisaient la main en versant des larmes, et en disant que *Rabbi* (Dieu) nous donnerait la juste récompense de tout ce que nous avions fait pour eux.

Par ces soins et ces services, je gagnai entièrement la confiance des Arabes ; les principaux de la ville venaient très-souvent me voir ; j'allais à mon tour les visiter : ils m'invitaient à dîner, et ils venaient dîner chez moi. Quand je dînais chez eux, ils faisaient servir la table par leur femme, pour me témoigner leur amitié et une estime toute particulière, honneur qu'ils ne font jamais ni aux Français, ni même aux Arabes. Le khalifa me dit une fois : « Le général a dîné chez moi, beaucoup de colonels ont dîné chez moi ; jamais ils n'ont vu ni ma femme, ni mes enfants ; mais toi, puisque tu es le marabout *francis*, et que je t'aime beaucoup, je veux que tu sois dans ma maison comme si tu étais mon père. »

Voici encore quelques faits remarquables, qui, je crois, seront lus avec plaisir, et qui montreront que la vue d'un prêtre catholique, bien loin d'effaroucher les Arabes, ne leur inspire que le respect et la confiance la plus bienveillante.

Dans les premiers mois de 1839, j'ai visité seul une grande partie du Massif, du Sahel et de la plaine; souvent j'ai passé seul dans des ravins où l'on avait déjà coupé la tête à bien des Français, soldats et colons, et jamais il ne m'est arrivé le moindre accident.

A la même époque, pendant une excursion que je fis avec un Français, un jeune Hollandais et un interprète arabe, dans la partie du petit Atlas habitée par les Beni-Moussa, les Kabaïls, sortant d'abord partout de leurs chaumières, se tenaient, avec leurs fusils, derrière des haies ou des touffes d'orangers, et se mettaient avec inquiétude sur la défensive; mais quand l'interprète leur eut dit que c'était un marabout français qui venait voir leur pays, ils quittèrent leurs fusils et vinrent de tous côtés en grand nombre se presser autour de nous; ils ne pouvaient se rassasier de me regarder. Ils faisaient à l'interprète beaucoup de questions d'un air de bienveillance à mon sujet; et, quand nous descendîmes de la montagne, ils nous suivirent des yeux aussi longtemps qu'ils purent nous voir.

A Constantine, le dimanche, j'avais très-souvent, à la messe, plus d'Arabes que de Français. Faute de place ailleurs, il y en avait quelquefois jusque sur la chaire ; la plupart venaient sans doute par un sentiment de curiosité ; mais tous avaient une contenance grave et respectueuse, et même on en a vu qui faisaient, comme leurs voisins chrétiens, le signe de la croix. Dans l'après-dîner, l'église est toujours visitée, principalement par des groupes nombreux de femmes arabes, qui viennent voir et faire voir à leurs enfants les tableaux et les statues de la *Djemma-el-Roumy* (l'église des chrétiens). Ils s'arrêtent surtout volontiers devant un Christ peint sur toile par un officier de l'armée. La vue de *Sidi-Aïssa* (Seigneur Jésus) ainsi en croix produit sur eux une douloureuse impression; souvent des larmes leur tombent des yeux : j'en ai vu pleurer amèrement et faire des exclamations de compassion. Quelquefois ils éclatent en imprécations terribles contre les Juifs. Une fois, un bon nombre de ces derniers étant venus à l'église, tandis qu'un groupe d'Arabes considérait ainsi le tableau du Christ, ceux-ci tombèrent sur les malheureux enfants des déicides, et les jetèrent hors de l'église.

Un jour, je reçus la visite d'un des fils du scheik *El-Islam* (chef de l'islamisme) ; il était accompagné d'un de ses parents, qui était *taleb* (nom que portent les savants). Après un quart-d'heure

(1) Voir la note II à la fin du volume.

d'entretien, pendant lequel je leur faisais voir ma petite bibliothèque, qui renfermait aussi le Coran et plusieurs ouvrages arabes, ils me prièrent de leur faire connaître notre *djemma*. Je les conduisis donc à l'église, et leur montrant d'abord le Christ, qui était tout près de la porte par laquelle nous étions entrés, je leur dis : Que cela représentait *Sidi-Aïssa*, mort sur la croix pour les hommes. Le *taleb* me répondit aussitôt, *lô, lô, machi mouth*, non, non, il n'est pas mort ; *phi smâ*, il est dans le ciel. Comme je connais assez bien le Coran, je le compris de suite. Du temps que Mahomet écrivait, il y avait en Arabie une hérésie de chrétiens qui prétendaient que Jésus-Christ n'avait pas été crucifié, mais quelqu'un qui lui ressemblait. Mahomet fit entrer cette hérésie dans son livre. Il est bien vrai, répondis-je, que *Sidi-Aïssa* est dans le ciel, mais d'abord il était mort sur la croix pour les péchés du monde, et après avoir été mis dans le tombeau, il en est ressuscité le troisième jour, pour donner à ceux qui observeront bien sa loi un gage de leur résurrection. Puis je les conduisis à l'autel de la Sainte Vierge, et je leur dis que la statue dorée, qui portait un petit enfant sur les bras, représentait la *Miriem* portant *Sidi-Aïssa* encore enfant; et comme je savais que Mahomet, ou par ignorance, ou par mauvaise foi, avait travesti le mystère de la très-sainte Trinité, en disant qu'il était formé du Père, du Fils et de la Mère, j'ajoutai que nous ne l'adorions pas, mais que nous la vénérions beaucoup ; que nous avions beaucoup de confiance en elle, et qu'elle était pour nous une bonne mère. Et pour nous aussi, me répondirent-ils ! Après cela ils me demandèrent à voir *Sidi-Aïssa* dans le tabernacle, qu'ils m'indiquèrent du doigt. Je leur dis que, pour voir *Sidi-Aïssa* dans le tabernacle, il fallait être chrétien ; qu'on ne pouvait pas le voir avec les yeux du corps, mais avec les yeux de la foi, et que cette foi était fondée sur la parole toute-puissante de Jésus-Christ. Je leur expliquai encore, aussi bien que je pus, plusieurs objets, tels que le baptistère, le confessionnal, l'eau bénite ; ils parurent très-satisfaits, et m'exprimèrent en partant leurs sentiments de reconnaissance.

D'autres Arabes, qui venaient souvent me voir, me questionnaient aussi quelquefois sur plusieurs points de notre religion. Un jour le scheik *El-Arab* (chef des Arabes du désert, dont Biscarah est la capitale), dînant chez moi avec plusieurs de ses frères et de ses neveux, me demanda, avec beaucoup de bonhomie, pourquoi je n'étais pas marié ? Je lui répondis : Tiens, si j'étais marié, mon amour serait partagé ; je chercherais naturellement à plaire à ma femme, et je ne chercherais plus uniquement à plaire à Dieu. Si j'étais marié, je serais resté dans mon pays pour jouir du bonheur de la famille, je voudrais amasser de la fortune, et assurer à mes enfants une belle position dans le monde. Maintenant que je suis libre, j'ai pu quitter la France et venir en Afrique, pour faire connaître Dieu à ceux qui ne le connaissent pas, et le faire aimer à ceux qui ne l'aiment pas. Tu vois bien, d'ailleurs, que les enfants ne me manquent guère, j'en ai quinze à l'école, auxquels je communique la vie spirituelle, qui est bien plus précieuse que la vie animale. Puis il me vient tous les jours beaucoup de pauvres, beaucoup de malheureux de la ville et de la campagne, des Français et des *Moslemims;* tous ces pauvres, je les regarde comme mes enfants, je panse leurs blessures, je soigne leurs infirmités, je leur donne du pain, etc. Tout cela, je ne le ferais certainement pas, si j'étais marié; et c'est précisément pour pouvoir le faire et plaire ainsi à Dieu, que je ne me suis pas marié. Cette explication fit sur lui et sur tous ses parents une profonde impression; ils me regardaient avec une sorte d'étonnement, puis le scheik me dit : Quand j'aurai pu retourner à Biscarah, tu viendras avec moi, je te donnerai une maison et une belle mosquée; il y a là, et dans le désert, beaucoup de pauvres et de malheureux, et tu pourras aimer et servir Dieu, comme à Constantine.

Je pourrais rapporter encore un grand nombre de faits analogues; mais, pour ne pas devenir trop long, je n'en citerai plus que deux.

Quand Monseigneur l'évêque d'Alger vint à Constantine l'automne dernier, presque tous les Arabes distingués de la ville s'empressèrent de venir lui présenter leurs hommages, et le prier de leur faire l'honneur de dîner chez eux. Sa Grandeur, n'ayant que peu de jours à passer à Constantine, ne put accepter que chez quelques-uns. Plusieurs lui envoyèrent alors des dîners entiers au palais du gouverneur, où Monseigneur demeurait, ce qui est chez les Arabes un témoignage de la plus haute vénération. Mais le dimanche suivant, Sa Grandeur fut bien étonnée, en sortant des vêpres, de voir rassemblés dans les galeries du palais un grand nombre d'Arabes, la plupart des vieillards vénérables avec de longues barbes blanches : c'étaient les imans des mosquées, ayant à leur tête les deux muphty Malekite et Hanefite. Monseigneur les reçut avec beaucoup de bienveillance dans la grande salle de réception, et leur dit d'exposer l'objet de leur visite. Ils lui dirent alors par l'interprète : Qu'ils étaient dans une bien triste position; qu'ils ne pouvaient plus vivre, eux et leurs familles, avec le traitement ordinaire; que ce traitement avait été fixé dans un temps où tous les vivres étaient à vil prix, mais que les prix de toutes choses avaient triplé et quadruplé, depuis que les Français étaient à Constantine; qu'on pouvait facilement prendre cette augmentation sur les revenus des mosquées qui étaient fort grands, et destinés à leur entretien et à celui des gens qui y sont attachés, et que, si on ne faisait pas droit à leurs réclamations, ils seraient forcés d'abandonner la ville, et de se retirer dans les montagnes; qu'ils conjuraient donc Sa Grandeur de vouloir bien s'intéresser pour eux auprès du gouverneur. Monseigneur leur conseilla de faire une pétition, et leur promit de l'apostiller et de l'appuyer de tout son pouvoir auprès du gouvernement. C'est ce qui fut fait ; et j'aime à croire que M. le maréchal aura fait droit à leur juste demande.

Quand, au mois d'août dernier, je fis descendre, avec l'autorisation de M. le général de Galbois, le croissant du *minaret* de mon église, et que j'y fis planter une grande croix, dorée en partie, ce furent des manœuvres arabes qui allèrent la chercher dans les ateliers du génie, qui la portèrent à travers presque toute la ville dans l'église, et qui la montèrent ensuite sur la tour, quand je l'eus solennellement bénite : c'était un fait d'une haute portée pour moi, je voulus observer l'effet que cette mesure produirait sur les Arabes. Eh bien, non-seulement je remarquai qu'elle n'excita pas le moindre mécontentement parmi les musulmans, mais j'en vis même plusieurs qui la regardaient longtemps, avec des marques non équivoques de satisfaction.

Vers le commencement de 1840, le nombre des malades, et surtout des cas graves dans les hôpitaux militaires, ayant diminué, je pus sortir quelquefois, et aller respirer un peu l'air plus pur de la campagne. Pour continuer alors mes observations agronomiques, pour appeler l'attention des colons sur la fertilité du sol, et surtout pour convaincre les Arabes que nous étions bien déterminés à nous fixer pour toujours dans le pays, je demandai à M. le général Galbois une concession de terre. Comme les cinq sixièmes des campagnes qui sont autour de Constantine à plusieurs lieues à la ronde sont en friche, et qu'elles appartiennent au beylik, c'est-à-dire au gouvernement, le général ne fit pas la moindre difficulté de me l'accorder, et il me permit de choisir partout où je voudrais. Je choisis un endroit situé sur le versant méridional du Mansoura, au sud-est et à une lieue de la ville; là je trouvai à peu près cinq hectares de bonne terre labourable. Les bornes naturelles sont, vers l'est, un ravin creusé par un filet d'eau qui descend du haut du Mansoura; vers le sud, la route qui conduit, à Bone; vers l'ouest, une longue suite d'énormes rochers ; et, vers le nord, un large fossé que j'ai fait creuser par les soldats.

C'est une position charmante et salubre : la vue se porte d'un côté sur la vallée du Boumersoum dans laquelle se trouvent les jardins militaires, avec leurs plantations de mûriers et de caroubiers, leurs cultures variées et régulières, leurs chemins coupés à angle droit et recouverts d'un sable blanchâtre, formant un superbe parterre. D'un autre côté, vers l'ouest, se déroule la belle vallée du Rumel, traversée en grande partie par les arches d'un magnifique aqueduc romain, qui portait autrefois les eaux de Cicada, de huit lieues de loin, à la capitale de la Numidie.

Deux sources d'une eau bonne et abondante en toute saison, descendant du Mansoura, arrosent la campagne et portent partout la fécondité et la vie ; une troisième source se trouve presque au milieu de la campagne même. Un grand nombre de grosses pierres bien taillées, plusieurs tronçons de colonnes, un chapiteau d'ordre corinthien, et un grand bassin d'eau en briques, assez bien conservé, de huit mètres de large sur douze de long, font bien voir qu'il y avait autrefois, sur cet emplacement, une superbe *villa* romaine : car les moindres restes du peuple roi se distinguent autant de ce qu'ont fait les Arabes, que l'or se distingue du plomb.

Une fois mon choix bien fixé, je fis ramasser par des indigènes et porter en un tas toutes les pierres qui recouvraient le terrain ; puis je fis venir, par l'intermédiaire d'un Arabe de la ville, le scheik de la tribu la plus voisine, qui me retourna pendant trois jours, avec une paire de bœufs, un bon hectare de terre. Quand je lui donnai son salaire, il me dit qu'il reviendrait travailler quand je voudrais, que je n'avais qu'à le faire prévenir. Secondé par mon jeune homme, un excellent Dauphinois du 22e de ligne, que son colonel, M. Levasseur, avait eu la bonté de mettre à ma disposition, et par quelques autres soldats, j'y plantai de la vigne, du mûrier, du figuier, du cyprès, toutes sortes de légumes, mais surtout de la pomme de terre. J'eus le bonheur inattendu de faire de ce précieux tubercule, qui n'était pas connu à Constantine avant l'arrivée des Français, deux récoltes dans huit mois, et la troisième était déjà levée, quand je quittai Constantine, vers le commencement de décembre dernier. Je construisis aussi, à l'aide de deux manœuvres arabes et de deux soldats qui faisaient l'office de maçons, une petite maison de campagne de six mètres de long sur quatre mètres de large. Les maçons recevaient 1 fr. 30 c. par jour, et ils étaient fort contents, car *au génie*, ils n'auraient gagné que le tiers ; ils auraient bien voulu travailler toute l'année pour le curé de Constantine. Aux Arabes qui étaient de très-bons manœuvres, je donnai 1 fr. 50 c. et deux galettes de 10 cent. chacune, ce qui fait 1 fr. 70 c. J'entre dans tous ces détails, sans craindre de paraître minutieux : car, en fait de colonisation, il n'est point de minuties.

Quand la maison fut achevée, je remerciai la Providence, et je commençai à goûter la plus vive satisfaction, moins pour la jouissance que cette campagne pouvait me procurer, qu'à cause des gages qu'elle semblait me donner pour l'avenir de la colonie. Plus d'une fois je quittai Constantine à la fermeture des portes, et, accompagné de mon fidèle Biron, quelquefois seul, quand il était parti avant moi, j'allais passer sans crainte la nuit à la campagne. Toute ma vie je conserverai le souvenir de ces nuits africaines et des impressions profondes qu'elles faisaient sur mon âme... Je choisissais ordinairement ces époques, où la lune, entrant dans son premier quartier, répandait sur ces solitudes sa lumière argentine. Partout alors régnait un silence imposant qui n'était interrompu çà et là que par le cri perçant du chakal, ou par les aboiements des chiens de quelque tribu lointaine. Assis sur une pierre, devant la petite maison, adossé contre le mur, je promenais lentement mes regards sur ces contrées sauvages; je leur demandais les causes qui les avaient réduites à un si triste état. Je me rappelais qu'autrefois peuplé par des colons actifs et intelligents venus de la Grèce, ce pays était devenu bientôt riche et florissant ; que Cirta était une ville puissante qui pouvait mettre sur pied dix mille cavaliers et vingt mille fantassins[1]. Alors, me disais-je, ces coteaux étaient plantés de vignes, et ombragés de figuiers et d'oliviers; ces vallées se couvraient chaque année de riches moissons. Partout alors s'élevaient de superbes *villa* dont les restes témoignent encore de leur ancienne splendeur ; et aujourd'hui tout est couvert de ruines, tout est nu et abandonné... La nature est cependant toujours la même ; le sol est encore aussi fertile que du temps de Massinissa et de Micipsa.

Qu'est-ce qui a produit de si étranges changements ? Qu'est-ce qui a opéré une si terrible révo-

[1] Strabon, lib. XVII.

lution? Les mêmes causes qui ont mis en ruine Athènes et Corinthe, et qui ont changé en désert l'Asie Mineure et l'Égypte.... Ce sont les prévarications et les iniquités des peuples qui ont attiré la malédiction sur eux et sur toute la nature. Engraissés et enivrés de tous les dons d'une terre fertile et luxuriante, fiers de la magnificence de leurs édifices et de la richesse de leurs trésors, ils oublièrent les lois éternelles, et se livrèrent à tous les vices, à tous les désordres.... Dieu, justement irrité d'une telle ingratitude, appela du fond de l'Arabie le génie de la destruction, comme il l'avait appelé autrefois des forêts du Nord, pour punir les Romains.... Mais, me disais-je alors, les yeux levés vers le ciel, n'y a-t-il point de terme à un châtiment aussi terrible? Mille années d'indicibles malheurs n'ont-ils donc pas encore fléchi le courroux céleste?... La Providence, en conduisant le peuple français en Afrique, et en le forçant à y rester, n'a-t-elle donc d'autre but que d'achever la ruine de cette région infortunée, de faire disparaître ce qui a échappé à tant de siècles de barbarie, et de noyer dans leur sang les derniers rejetons de vingt peuples divers?....

Non, non, tels ne sont point les desseins de la Providence; sa justice est satisfaite. La gloire de la France en Afrique n'est pas d'imiter les

Vandales et les Arabes; sa mission est plus noble et plus digne d'elle... Elle tendra sa main généreuse et compatissante à ces malheureuses populations, et les retirera des ténèbres et de l'ombre de la mort, où elles sont assises ; elle leur fera goûter les bienfaits d'une civilisation chrétienne ; elle affranchira la nature elle-même du joug de fer qui pèse sur elle, et lui rendra sa vigueur et sa fécondité première. Et si, pour accomplir cette belle mission, il reste encore des difficultés de plusieurs genres, elles ne sont point insurmontables aux efforts d'un grand peuple....

Chaque fois que j'avais passé ainsi une partie de la nuit dans la campagne, à méditer sur l'Afrique et sur la France, je me sentais animé d'une nouvelle ardeur pour mes projets de colonisation. J'en parlais quelque fois à M. le général, et je lui exposais comment, par une disposition particulière de la Providence, la France ne pouvait coloniser l'Afrique qu'en y implantant ses lois, ses institutions, sa religion, sa langue, ses arts, en un mot, tout ce qui a servi à la civiliser elle-même.

Cette entreprise, lui disais-je, ne saurait être l'œuvre de quelques individualités; il faut pour cela une association éminemment nationale et chrétienne, telle, en un mot, que je la propose. Il faut que nos établissements en Afrique soient tout à la fois agricoles, religieux et militaires : *agricoles*, pour relever la nature, et la mettre en état d'atteindre la fin pour laquelle elle a été créée, en prodiguant à l'homme ses dons et ses richesses ; *religieux*, pour relever l'homme, et donner à la colonie naissante le principe vivificateur et conservateur de toute société. Enfin, ils doivent être *militaires*, pour se défendre, pour protéger leurs plantations encore jeunes et faibles, et pour dompter la barbarie qui les entoure. En doublant ainsi sa puissance au dehors, la France peut assurer sa tranquillité au dedans. Elle ne voit pas sans inquiétude ces populations malheureuses dont elle regorge, qui commencent à remuer, et qui sont déterminées, ou *à vivre en travaillant ou à mourir en combattant*. Eh bien ! l'Afrique les appelle. C'est la misère plutôt que l'amour du crime qui les agite : l'Afrique, en leur procurant le travail et une honnête aisance, les ramènera bientôt à des habitudes d'ordre, de moralité, de vertus chrétiennes.

M. le général avait l'esprit trop clairvoyant et l'âme trop élevée, pour ne pas sentir ce qui intéresse à un si haut point la patrie et la religion, et j'eus la consolation de voir qu'il entrait parfaitement dans mes vues. Il m'encourageait souvent et me promettait de me seconder de tout son pouvoir auprès du gouvernement. Ces paroles généreuses me rassuraient contre les difficultés et consolaient mon impatience. Mais quand la nouvelle du traité du 15 juillet parvint à Constantine, je ne pus plus me contenir. J'en écrivis à Monseigneur l'évêque d'Alger ; je le priai instamment d'envoyer quelqu'un pour me remplacer, tandis que je poursuivrais, en France, l'œuvre de la colonisation.

Bientôt Monseigneur étant venu lui-même à Constantine faire sa visite pastorale, je pus alors mieux développer mes idées de vive voix que je ne n'avais pu le faire dans des lettres. J'exposai entre autres à Sa Grandeur la position précaire, terrible même, de la colonie, dans le cas d'une guerre générale; les embarras qu'elle devait donner à la France; les sacrifices énormes qu'elle lui avait déjà coûtés en hommes et en argent, et qu'elle coûtera toujours, aussi longtemps qu'il n'y aura pas en Afrique une population véritablement chrétienne, forte et dévouée... J'ajoutais qu'on ne pouvait guère compter sur la conversion des Arabes, aussi longtemps qu'ils n'auraient sous les yeux que des hommes qu'ils méprisent et ont en horreur, la plupart à cause de leur impieté et de leur immoralité; qu'il fallait, pour y introduire cette population véritablement chrétienne, une puissante association religieuse et nationale ; que pour organiser cette association, il m'était nécessaire d'aller à Paris... que pour cela je ne reculerais devant aucun sacrifice; que je renoncerais même à mon traitement pendant mon séjour en France.

Monseigneur me répondit qu'il croirait s'opposer à la volonté de Dieu, en s'opposant davantage à mon entreprise... qu'il voyait bien que des baïonnettes ne suffisaient pas pour consolider notre puissance en Afrique; qu'il fallait coloniser, et que, vu les circonstances actuelles, cela ne pouvait se faire que par une association...

Il me promit de m'envoyer quelqu'un pour me remplacer, aussitôt qu'il serait de retour à Alger.

Sa Grandeur tint parole, et envoya son grand vicaire, M. Suchet lui-même, pour remplir les fonctions de curé, tandis que je serais en France. A mon arrivée à Alger, Sa Grandeur me remit une lettre de recommandation, que je me fais un devoir de transcrire ici en son entier.

« Antoine-Adolphe DUPUCH,

« Par la miséricorde de Dieu et la grâce du saint siége apostolique, évêque d'Alger, assistant au trône pontifical,

« Certifions à qui il appartiendra, que c'est de notre consentement, et avec pleine approbation de notre part, que M. l'abbé Landmann, prêtre de notre diocèse, se rend en Europe, pour y poursuivre, avec le zèle et l'activité intelligente qu'il a reçus de Dieu, l'œuvre importante de colonisation à laquelle il a voué son existence.

« Depuis deux ans bientôt que M. l'abbé Landmann est auprès de nous, nous n'avons eu qu'à nous féliciter de l'avoir pour collaborateur. En toute occasion, nous avons fait l'expérience heureuse, pour nous et nos bien-aimés diocésains, de son excellent esprit, de son apostolique dévouement.

« Nous n'avons pas cru devoir nous opposer devant Dieu à la vocation qu'il nous paraît en avoir reçue, au sujet de son intéressante et grave entreprise.

« Nous faisons même les vœux les plus sincères, les plus ardents, pour que le succès le plus prompt et le plus complet réponde à ses efforts, et couronne son zèle infatigable. Et ce serait, en effet, d'un immense intérêt pour nous, pour notre pauvre et naissante Église, pour l'Afrique et la France.

« Nous déclarons, du reste, de nouveau, que confiance pleine, parfaite peut et doit être accordée à M. l'abbé Landmann, dont nous louons la piété et toutes les excellentes qualités avec effusion de cœur. Nous tenons singulièrement à le regarder toujours comme un de nos prêtres les plus fidèles et les plus dévoués, et nous l'accompagnons de cœur dans tout ce qu'il va entreprendre dans le but le plus catholique et le plus français... Que l'ange de Dieu soit avec lui dans toutes ses voies !

« Alger, le 12 décembre 1840.

« † ANTOINE-ADOLPHE,

« Évêque d'Alger. »

Muni de ce témoignage, beaucoup trop honorable sans doute, mais d'un si grand poids pour mon entreprise, et après avoir employé encore quinze jours à parcourir les principaux établissements des colons du Massif, et après m'être assuré du progrès qu'ils avaient fait pendant mon séjour à Bougie et à Constantine, je m'embarquai pour la France. Arrivé à Paris, j'eus le bonheur de voir encore M. le général Bugeaud, avant son départ pour l'Afrique, et de lui faire part de mon plan. Je reçus de lui plus d'encouragement que je n'en avais encore reçu. « C'est ce qu'il nous faut, me répéta-t-il plusieurs fois, et je vous seconderai, pour la réalisation de vos idées, de tout mon pouvoir. » Il promit même formellement de faire construire les fermes de l'association aux frais du gouvernement. C'est d'après ces encourageantes assurances, et sur l'invitation de M. Laurence, directeur des affaires d'Afrique au ministère de la guerre, que j'ai mis la dernière main à mon plan de colonisation, et que j'ai eu l'honneur de le présenter au ministère, le 19 avril dernier.

Je crois, en terminant cette introduction, devoir donner connaissance des motifs qui m'ont déterminé à faire imprimer ce mémoire, qui n'était d'abord destiné qu'à être communiqué au gouvernement. J'ai appris que plusieurs personnes, auxquelles j'avais fait part de mes vues, s'en occupaient et se disposaient à mettre au jour des projets *calqués* sur le mien. Tout en me réjouissant de voir mes idées partagées par d'autres, j'ai craint, non sans motifs, qu'elles ne fussent gravement altérées, et que l'opinion publique ne fût égarée dans la question qui me paraît la plus importante pour la conservation de l'Afrique : le meilleur moyen de m'opposer à ce danger était de recourir moi-même à la publicité. C'est le conseil qui m'a été donné par des hommes également zélés et prudents.

J'aime à payer ici mon juste tribut de reconnaissance à M. Buchez, qui m'a très-bien compris, et qui m'a puissamment secondé dans la rédaction de ce travail.

# Plan

## DE

# COLONISATION.

# PLAN DE COLONISATION.

---

## CHAPITRE PREMIER.

---

Importance et but de la Colonisation de l'Afrique française.

L'importance de la colonisation de l'Afrique est proportionnée à l'intérêt qui attache la France à cette possession.

La conservation de nos provinces d'Afrique n'est pas seulement une question d'honneur national, un devoir dans cette mission de civilisation que la France a fidèlement poursuivie depuis quatorze siècles ; une conséquence des sacrifices que nous avons faits ; un effet de la nécessité de ne point laisser à nos rivaux une position que nous avons préparée : c'est, de plus, une question de haute prévoyance politique et d'avenir commercial.

En effet, l'Algérie nous rend maîtres du bassin de la Méditerranée ; elle neutralise Gibraltar et Malte ; elle nous met à même de fermer la Méditerranée à toutes les nations qui n'y ont point de port. A ce titre, c'est une position précieuse dans les éventualités actuelles, et qui permettra de les dominer. Mais les avantages présents, quelque grands qu'ils soient déjà, sont de peu d'importance en comparaison de ceux que l'on est en droit de prévoir.

On ne peut guère mettre en doute aujourd'hui que le commerce ne soit sur le point de subir une de ces grandes révolutions, qui influent profondément sur la puissance des nations. Il est possible de prévoir, et même d'affirmer, que le commerce des Indes qui a quitté le bassin de la Méditerranée, il y a trois siècles, pour passer par l'Océan, ne tardera pas à quitter l'Océan pour reprendre la voie de la Méditerranée.

Le motif qui fit abandonner la Méditerranée fut, que par l'effet des moyens de transport alors usités, il se trouva que la voie du cap de Bonne-Espérance était la plus courte. Le contraire doit arriver, c'est-à-dire la route de la Méditerranée doit être reprise, le jour où, par un changement dans les moyens de transport, cette dernière voie se trouvera moins longue que celle du cap. C'est ce qui ne tardera pas d'arriver, grâce aux chemins de fer et aux bateaux à vapeur ; et ces moyens cependant sont encore dans un état d'imperfection, qui est le propre des commencements en toutes choses.

En définitive, la découverte du cap de Bonne-Espérance mit, dans le seizième siècle, le commerce des Indes entre les mains des Portugais et ruina Venise, Gênes et toutes les échelles du Levant. Des Portugais, ce commerce passa aux Hollandais, et de ces derniers aux Anglais, qui le possèdent aujourd'hui. Mais quelle que soit la puissance de ceux-ci, quelle que soit la domination qu'ils exercent sur l'Asie méridionale, ils ne pourront empêcher que la voie la plus courte ne soit préférée par le commerce, et cette voie sera la Méditerranée, dès l'instant où, grâce à des bateaux à vapeur et à un chemin de fer de quelques lieues, les marchandises pourront être transportées en 32 jours de Calcutta à Marseille.

Il est inutile d'insister sur l'importance d'un pareil résultat pour la France, ainsi que pour tous les peuples méditerranéens. Il est également inutile de démontrer l'importance du rôle que jouera la nation, dont la sage prévoyance l'aura mise à même de dominer le bassin qui sera le centre des richesses de la moitié du monde.

La question de la colonisation des provinces algériennes grandit de toute l'étendue des prévisions que nous avons essayé d'indiquer. C'est une des questions qui mérite au plus haut degré l'attention du gouvernement. Les résultats sont tellement graves, qu'il n'est pas permis, en quelque sorte, de l'abandonner aux hasards des intérêts individuels et aux erreurs des tentatives particulières.

Pour que l'Afrique soit parfaitement assurée à la France, il faut qu'elle possède une population française suffisante, non-seulement pour contenir la population indigène, mais encore pour combattre toute agression de la part des puissances européennes.

Il est à désirer, enfin, que la population indigène devienne française. Or, il n'y a pas d'exemple, dans l'histoire du monde, d'un peuple réellement acquis, c'est-à-dire devenu homogène à un autre, s'il n'a été auparavant conquis à ses croyances religieuses et à sa civilisation. C'est donc ce double travail qu'il faut opérer à l'égard des Arabes; il faut qu'ils ne croient plus que *l'épée est la clef du ciel, et qu'une goutte de sang français répandue dans le chemin de Dieu, est plus méritoire qu'un jeûne de deux mois;* mais il faut qu'ils nous regardent comme des hommes envoyés de Dieu, pour soulager leurs misères, pour dissiper les ténèbres dans lesquelles ils sont plongés, et pour leur communiquer tout ce qui peut les rendre heureux; en un mot, il faut qu'ils nous regardent comme des frères et qu'ils parlent notre langue.

Ce résultat pourra paraître impossible à tous ceux qui ont oublié les colonisations grecques et romaines, celles des Espagnols dans l'Amérique méridionale et aux Philippines, celles même des Arabes. Ce résultat, qui cependant est admissible, et digne de la prévoyance du gouvernement, sera la conséquence d'une colonisation bien entendue, qui mettra sous les yeux des indigènes les avantages, les bienfaits, la moralité, en un mot, toutes les vertus de notre civilisation européenne, ainsi que nos sciences et nos arts.

Traiter la question de la colonisation, c'est donc traiter celle de la civilisation des Arabes.

D'après ce qui précède, on ne peut mettre en doute la nécessité de fonder dans nos provinces d'Afrique un système de colonisation dont le développement régulier ait, pour premier résultat, de réunir dans ces contrées une population française, suffisante à elle seule, pour en assurer la possession à la France contre toute espèce d'agresseur ; qui ait, pour seconde conséquence, de transformer la population indigène sous le rapport civil et religieux.

Ce but étant posé, nous allons rechercher quelles sont les méthodes de colonisation suivies par les peuples qui ont obtenu des résultats semblables ; nous mettrons ensuite en évidence les vices des méthodes qui produisent l'effet contraire. Cette recherche ne peut manquer de donner la connaissance du meilleur système, et disons-le tout de suite, d'offrir la meilleure démonstration du projet que nous présentons à la suite de ce mémoire.

## CHAPITRE II.

---

**Examen abrégé des systèmes de Colonisation dont le résultat a été constamment la conquête et la civilisation du pays colonisé.**

Il n'y a point d'exemple de grande colonisation abandonnée aux caprices et aux erreurs de l'intérêt particulier. C'est toujours le gouvernement qui a présidé à cette œuvre, soit directement, soit médiatement par le moyen des compagnies. Encore, dans les circonstances où le second des moyens a été employé de préférence, un des objets de la colonisation a été manqué, celui de l'assimilation des indigènes. Ceux-ci ont toujours été détruits par la colonisation : nous en citerons comme exemples ce qui s'est passé à Saint-Domingue, à Porto-Ricco, lorsque ces îles furent livrées aux entreprises sans contrôle des premiers aventuriers espagnols qui y débarquèrent; ce qui est arrivé dans toute l'Amérique du nord, dans les Antilles françaises et hollandaises, au cap de Bonne-Espérance; ce qui arrive aujourd'hui en Tasmanie, etc. Si la même chose n'a pas eu lieu dans la Guyane et le Brésil, il faut l'attribuer à ce que les Européens étaient trop peu nombreux, le territoire trop grand, et les forêts trop profondes.

Encore faut-il dire qu'il y a des populations indigènes dont il ne reste pas un seul exemplaire vivant. Ainsi, les entreprises dont il s'agit ont réussi sous le rapport industriel, mais elles ont failli sous le rapport moral. Il n'est point inutile au but que nous poursuivons de nous enquérir des motifs qui ont rendu les colonisations, dont nous venons de parler, si fatales aux naturels.

On en trouve la raison dans le but même qui avait présidé à ces compagnies. Elles ne se proposaient pas d'autre fin que des succès industriels. Étant instituées dans cette unique pensée, le but religieux et moral fut complétement mis de côté. On ne s'occupait des naturels qu'en tant qu'ils gênaient le développement de la colonie : on les poursuivait et on les détruisait, comme on aurait fait à l'égard d'animaux nuisibles. Ce qui prouve que la cause de la destruction des indigènes est bien celle que nous venons d'énoncer, ce n'est pas seulement l'histoire détaillée, et en quelque sorte journalière du développement de ces colonisations, c'est encore le succès tout différent des colonisations établies par les jésuites du Paraguay. Ceux-ci cherchaient les deux buts : le but industriel et le but religieux, mais ce dernier principalement. Ils ont laissé, comme résultat de leur administration, une population indigène, nombreuse, éclairée, civilisée ; en un mot, un peuple qui se suffit aujourd'hui à lui-même.

Mais recherchons quelle fut la méthode employée dans les colonisations entreprises au point de vue purement gouvernemental. Les Romains, les Francs nos ancêtres, et les Espagnols nous ont laissé de beaux exemples à cet égard.

Les Romains, pendant la durée de leur existence conquérante, ont employé deux méthodes différentes. Il est utile de dire un mot de l'une et de l'autre, car l'une et l'autre peuvent être appliquées en Algérie, sauf les modifications que l'état de la civilisation doit y apporter.

La méthode des premiers temps, la méthode que l'on pourrait appeler barbare, et qui fut employée à la conquête de l'Italie, consistait simplement à substituer, une ville étant prise, à la place des premiers occupants, une population de citoyens ou de soldats romains. Les vaincus, qui avaient échappé au carnage, étaient réduits en esclavage, transportés ou vendus au loin. Leurs richesses, c'est-à-dire leurs maisons, leurs terres, leurs esclaves, leur bétail, étaient donnés aux Romains qui prenaient possession de la ville. On formait ainsi tout d'un coup un peuple nouveau, dévoué à la garde de la nouvelle conquête, aussi bien par sa naissance que par ses intérêts.

Ce moyen peut être employé en Algérie dans toutes les villes que la population maure juge à propos d'abandonner, et où elle ne consent pas à revenir au bout d'un certain laps de temps, comme à Médéah, à Miliana. On en commence l'application à Scherchel, à Bélidah et à Coléah.

On peut prendre une idée de la seconde méthode usitée par les Romains, dans le code Théodosien, dans la Notice de l'empire, etc. Ce fut celle qui fut particulièrement usitée pour assurer les frontières par des colonies militaires.

Chaque soldat faisant partie d'un corps chargé de couvrir un point quelconque des diverses lignes de défense, était pourvu d'un manoir ou bénéfice militaire, sur le revenu duquel il devait s'entretenir, lui et sa famille. Le bénéfice ne lui appartenait qu'en tant qu'il accomplissait son service. Ses enfants lui succédaient seulement dans le cas où ils succédaient également à l'accomplissement du service de guerre. On finit même par rendre le service obligatoire pour les enfants des familles militaires, en sorte qu'il se forma en définitive une race particulière, désignée, dans le code Théodosien, par les mots de *stirps castrensis*, et dans nos historiens, par les noms de *lètes* et de *ripuaires* (*læti*, *ripuarii*, etc.).

Chaque bénéfice était cultivé par une famille d'esclaves colons ou de serfs attachés à la glèbe, dont la sécurité et les droits étaient protégés par la loi. L'ensemble des bénéfices constituant une colonisation formait de grands villages, *pagi*, entourés de vastes terrains communs pour la fourniture des pâturages et des bois ; le tout était placé au voisinage de tours ou de camps de défense solidement établis. De grandes villes, de nombreux bourgs et villages tirent leur origine de semblables établissements ; des forêts ont été défrichées ; et il est arrivé, par l'effet de ces institutions, qu'au quatrième siècle, les bords de la Moselle et du Rhin étaient, en tout ce qui constituait la civilisation romaine, beaucoup plus avancés, beaucoup moins barbares, s'il est permis de parler ainsi, que le centre des Gaules.

Le seul reproche que l'on puisse faire aux Romains, quant à ces dernières colonisations, c'est de ne s'être occupés d'établir dans ces troupes d'autre principe d'union que la discipline militaire et l'intérêt de chacun. Ces corps de soldats colons étaient composés d'hommes de tous les pays et de presque toutes les langues ; ils n'avaient, avec la métropole, ni le lien du sang, ni celui de la tradition, ni le lien plus puissant des croyances religieuses et des affections morales. Aussi, à peine le lien de la discipline fut-il relâché, que ces colonies leur échappèrent.

Néanmoins les Francs nos ancêtres adoptèrent ce moyen ; mais au lien militaire ils ajoutèrent le lien religieux. Aussi, partout où ils colonisèrent, partout ils fondèrent leurs croyances catholiques, partout ils placèrent le principe de la nouvelle civilisation qu'ils ont introduit en Europe, et qui, malgré la différence des lieux, subit partout les mêmes chances, et conclut en définitive à des conséquences identiques.

Ce fut par des institutions de ce genre que Charlemagne assura la Catalogne à la France. On trouve dans ses Capitulaires des règlements pour la formation des marches en Saxe. Il est inutile de nous arrêter sur le détail de ces faits ; il suffit de dire que ce fut le système romain perfectionné qui fut appliqué.

Les Espagnols, dans leurs conquêtes conduites du point de vue gouvernemental, au Mexique, au Pérou, au Chili, aux Philippines, ne suivirent pas complétement le même système. Le caractère et l'infériorité militaire des populations, auxquelles ils avaient affaire, n'exigeaient pas les mêmes précautions défensives. Cependant, les modifications, qu'ils y firent subir, méritent d'être examinées, parce qu'elles offrent des exemples de nature à être utilisés dans nos provinces d'Afrique, à l'égard de la population indigène.

Les Espagnols se bornèrent à occuper les points formant centre ou importants à la défense. Ils divisèrent ensuite le territoire en *departementos*. A chacun de ces départements ils attachèrent un chef militaire qui en tirait un certain revenu, était chargé de le maintenir en paix et d'en protéger les habitants : c'était une sorte de souveraineté féodale. La population indigène conservait d'ailleurs ses chefs naturels ; ceux-ci seulement étaient subordonnés aux conquérants. Enfin, un membre du clergé était préposé à la conquête morale du département. Par cette voie, les Espagnols ont non-seulement acquis et conservé un territoire immense, mais quoi qu'on en ait dit, ils en ont conservé la population. Ainsi, aux Philippines, il y a plus de deux millions d'Indiens catholiques et seulement six mille familles espagnoles. Ainsi, au Mexique, d'après les chiffres de M. Humboldt, il y avait quatre millions huit cent mille Indiens, de sang pur, et environ un million deux cent mille âmes de sang mêlé, etc.

Qu'y a-t-il à conclure de ces observations ou de ces exemples dans la question qui nous occupe, c'est-à-dire dans celle de la colonisation de l'Afrique française? C'est que :

1° On doit procéder d'ensemble, dans la colonisation, et du point de vue gouvernemental ;

2° L'administration doit diriger la colonisation, soit qu'elle emploie des compagnies, soit qu'elle y travaille directement elle-même, soit qu'enfin elle recoure simultanément aux deux moyens ;

3° Le point de vue industriel ne doit pas uniquement dominer, car il aurait pour résultat la destruction de la population, ou une guerre de détail sans fin ;

4° C'est que le point de vue militaire ne doit pas non plus uniquement dominer, parce qu'il n'offre pas une sécurité suffisante dans la possession, les corps armés pouvant rompre avec la mère-patrie ;

5° C'est que le point de vue moral est indispensable, parce qu'il présente le moyen, d'abord de rattacher la colonie à la mère-patrie par des liens indissolubles, et ensuite parce qu'il constitue l'unique mode propre à acquérir la population indigène et propre à l'assimiler.

Il suffit de se rappeler tout ce qui a été fait en Algérie, sauf quelques exceptions, pour voir qu'on n'a tenu compte d'aucune de ces expériences, d'aucune de ces considérations. On a en quelque sorte procédé au hasard. Il est vrai de dire aussi que l'administration n'a point encore eu le loisir de s'occuper de la question. Il est seulement certain qu'elle a désapprouvé le système suivi. C'est dans cette pensée qu'elle a empêché les spéculateurs de pénétrer dans nos nouvelles conquêtes, et de venir, en s'emparant des terres par toutes voies, même par la fraude, mettre un obstacle aux mesures de la colonisation que le gouvernement se réservait de choisir.

# CHAPITRE III.

---

Des vices du système de Colonisation que la spéculation individuelle a tenté en Algérie.

A l'égard du système de colonisation tenté en Algérie, mon intention n'est pas d'adresser aucun reproche à l'administration ; elle n'a rien fait elle-même, elle a été, en quelque sorte, contrainte de laisser faire. Ce malheur a été le résultat du désordre qui a suivi les premiers moments de la conquête.

Un grand nombre de spéculateurs, arrivés à la suite de l'armée, ont acheté des terrains partout où ils ont trouvé un possesseur disposé à vendre, et partout où ils ont pu simuler un possesseur. Leur but était d'agioter sur le terrain et de faire fortune, en revendant fort cher ce qu'ils s'étaient procuré pour rien. Ils s'attendaient à voir arriver, avec un empressement presque égal au leur, des colons sérieux et riches qui achèteraient à tout prix. Mais ceux-ci ne vinrent pas ; en France, il n'y a que les pauvres qui consentent à s'expatrier.

Lassé d'attendre, on a voulu mettre en valeur les terres qu'on s'était procurées.

Mais le terrain avait été acheté au hasard, souvent même sans avoir été aperçu par l'acquéreur ; il était, en général, insalubre, c'est-à-dire complétement impropre à fonder le début d'une colonisation. Les quelques fermes qu'on parvint à commencer au delà des marais, et hors de portée des miasmes, étaient éparpillées selon les hasards de l'achat ; elles n'offraient point de sécurité, et elles durent disparaître aux premières hostilités des Arabes. Parmi les colons qui se présentèrent, beaucoup n'étaient pas Français ; le plus grand nombre n'étaient nullement remarquables par leur moralité ; presque tous étaient venus pour faire vite fortune avec peu ou point de travail : ils vendaient leurs journées plus cher qu'en Europe. Les connaissances agricoles manquaient ; par suite, les résultats étaient au-dessous des prévisions et apportaient un découragement qui arrêta le plus souvent les premières tentatives. Enfin les capitaux faisaient défaut. Les cultures, entreprises avec peu de moyens, au milieu de circonstances fâcheuses, devaient se terminer par le dégoût et l'abandon. Quelques sociétés de commerce essayèrent d'agir en grand, mais elles se proposaient uniformément de revendre aux colons le terrain qu'elles avaient acheté, ou de l'échanger contre un revenu. Il fallait à ces sociétés des colons déjà pourvus de capitaux, et il s'en trouva peu, ou plutôt il ne s'en trouva point, qui voulussent accepter des conditions onéreuses. Aussi les sociétés n'ont point obtenu plus de succès que les particuliers.

Ainsi, agiotage au début; par suite, choix du terrain au hasard, et de là éparpillement des établissements lorsqu'il s'en formait; insalubrité du sol, défaut de capitaux, défaut de connaissances agricoles, expériences fâcheuses, colons non-sérieux venant pour faire fortune, et non pour fonder une famille en Afrique; prix exorbitant du travail, immoralité des agioteurs et souvent des colons : voilà les causes inséparables du mode de la concurrence individuelle qui ont fait échouer la colonisation en Afrique, et qui la feront échouer partout. La spéculation individuelle ne peut réussir qu'à la suite des grands établissements déjà formés par voie administrative ou par les compagnies.

## CHAPITRE IV.

---

Des conditions nécessaires à l'établissement des colonies en Afrique.

Nous examinerons ces conditions quant à la colonie en général, et quant aux colons.

Quant à la colonie, il faut qu'elle ne soit pas un embarras qui gêne le gouvernement de la province. Or, elle sera un embarras et un obstacle, si la colonie n'est pas en état de se défendre elle-même, non-seulement contre une surprise des Arabes, mais encore contre une attaque plus sérieuse.

La colonie restera en projet; elle n'acquerra pas de colons, si elle ne leur offre de la sécurité.

De là, la nécessité que toute colonie soit composée d'un grand nombre de familles réunies dans un lieu susceptible d'une défense efficace; de là, la nécessité que la colonie soit militaire, en état de se défendre elle-même. Alors, au lieu d'être un embarras pour l'administration militaire, elle devient une force et un appui.

Pour que la colonie ne soit pas une charge pour l'État,

mais au contraire qu'elle vienne à son aide, il faut qu'elle se nourrisse elle-même, et fournisse même au commerce. De là, la nécessité que la colonie soit agricole.

Pour que l'harmonie et l'union se maintiennent entre de nombreuses familles réunies, il faut qu'un même principe moral les unisse, les gouverne et les juge. De là, la nécessité de l'intervention d'un ministre de la religion.

Pour que la colonie soit durable, et que les enfants persistent dans les sentiments qui animaient leurs pères, il faut une puissante éducation et une sanction énergique. De là encore la nécessité de l'intervention d'un ministre de la religion chargé de ce soin, et l'emploi de tous les moyens de perfectionnement, qui ont été introduits dans les écoles primaires de France, et qui seraient applicables aux besoins de la colonie.

Pour que le travail nécessaire à l'alimentation et à l'aisance des colons, et par conséquent à la bonne conservation de la colonie, ait lieu, il faut que les maladies ne déciment pas les colons. De là la nécessité de ne commencer les établissements que sur le sol le plus salubre possible. De là, de plus, la nécessité que les colons, à leur arrivée, trouvent un domicile tout disposé et tous les soins de l'hygiène et de la médecine.

Les hommes qui consentent à s'expatrier, surtout en France, sont en général pauvres. De là, la nécessité de leur offrir des moyens de transport, et d'aviser à la satisfaction de tous leurs besoins, jusqu'au moment où leur travail suffira à toutes choses.

Il n'y a pas de peuple en Europe qui soit plus repoussé que le peuple français, par les craintes et même les apparences de l'exploitation ; de là, la nécessité, pour attirer les colons français, de leur offrir des avantages tels qu'ils ne puissent douter que la colonie n'ait été entreprise dans le but de leur bien-être et de la colonisation réunis.

Le plan que nous présentons dans le chapitre suivant, répond à toutes les conditions que nous venons d'énumérer.

# CHAPITRE V.

## Plan d'une Colonisation agricole, religieuse et militaire en Algérie.

On propose d'établir de grandes fermes fortifiées, composées chacune de cent familles.

Chaque famille serait tenue de présenter au moins un homme en état de porter les armes, lequel serait exercé et astreint au service militaire, le cas échéant, sous la direction d'un officier nommé par l'autorité, et cependant entretenu et soldé aux frais de la colonie.

Les familles habiteraient dans l'intérieur de la ferme et y seraient soumises à une discipline commune. Elles seraient de plus intéressées de telle sorte, qu'elles ne seraient nullement disposées à user de la liberté, qu'on ne peut et qu'on ne veut pas leur enlever, de quitter l'habitation.

Nous appelons ces réunions d'habitations du nom de fermes, parce que nous entendons que les travaux de culture, ainsi que les travaux de défense, seraient faits par association ou en commun, sous un fermier chef ou directeur des travaux. Par suite, l'administration agricole y serait la meilleure possible.

Les travaux ayant lieu en commun, tous les instruments de travail, charrues, voitures, bétail, chevaux, etc., et tout le matériel d'exploitation, resteraient propriété de la ferme, ou propriété commune, c'est-à-dire de main-morte.

Nul, parmi les colons, n'aurait le droit de rien réclamer, ni sur la propriété de ces instruments d'exploitation, ni sur le terrain, attendu le système de fondation de chaque ferme.

Le terrain, qui ne pourrait avoir moins de 25 kilomètres carrés, afin de répondre au développement futur de la population, serait concédé par le gouvernement et choisi par lui.

Les bâtiments de la ferme seraient construits avant l'arrivée des colons, soit par une compagnie dont on donnera le projet, soit par l'État, s'il peut s'en charger. En conséquence, ils seraient fournis tout préparés aux colons.

Il en serait de même des moyens d'exploitation. On fournirait, dès le début, tout ce qui est nécessaire pour commencer le travail.

Toutes ces choses resteraient en conséquence capital de main-morte, sans offenser la justice. Ce serait d'ailleurs donner aux colons un avantage immense, et qu'ils ne trouveraient nulle part ailleurs, que de leur affecter le revenu dans les proportions qui vont être exposées.

D'abord, on prélèverait sur le produit tout ce qui

serait nécessaire pour l'entretien et la nourriture des familles de colons, pour l'entretien de la ferme et l'accroissement du capital d'exploitation.

Puis on en déduira 10 p. 0[0 pour indemniser l'administration.

Le reste serait considéré comme bénéfice net; une moitié de ce bénéfice serait attribuée aux colons et répartie entre chacun d'eux au *prorata* de leurs journées de travail.

La seconde moitié serait consacrée à payer les intérêts du capital ayant servi à la fondation de la ferme. Mais le dividende ne pourrait jamais dépasser 10 p. 0[0 de ce capital. Le surplus, et il y en aurait incontestablement, et en outre fort considérable, le surplus serait affecté, soit au rachat du capital de fondation, soit à la formation de nouvelles fermes.

Pour déterminer les colons à se présenter, on ferait valoir : 1° qu'en arrivant, ils trouveront non-seulement une habitation toute préparée, mais encore tout ce qui est nécessaire à leur entretien pendant la première année, jusqu'à ce qu'ils puissent y suffire par le produit de leurs propres travaux ; 2° qu'ils ne trouveront aucune chance de perte, mais seulement des chances de gain ; 3° qu'ils n'auront point d'expérience fâcheuse à subir, puisque leurs travaux seront dirigés ; 4° point de dangers à courir, puisque leur établissement serait imprenable pour les Arabes, etc.

On leur assurera leur transport en France et en Algérie.

Enfin, on leur garantira la santé pour eux-mêmes et l'éducation pour leurs enfants, en établissant comme principe, dans le contrat, qu'il y aura un prêtre et un médecin attachés à chaque ferme.

Si l'on ne jugeait pas tous ces motifs suffisants pour déterminer les colons sérieux à venir en Algérie, on pourrait encore leur promettre et leur garantir, au bout de trois ans de travail dans la ferme, un minimum de bénéfice, avec la concession de quelques hectares de terre.

En retour de tous ces avantages, on demanderait aux colons, de prendre seulement l'engagement de rester pendant trois ans attachés à une ferme et d'y travailler.

Pour les déterminer à rester toute leur vie dans l'établissement, on leur ferait envisager : 1° que chaque année ils auront un bénéfice certain, dont l'accumulation leur fera une fortune à la fin de leurs jours ; 2° que lorsque l'impossibilité de travailler sera venue, chaque colon sera nourri et entretenu jusqu'à sa mort ; 3° que les enfants entreront de droit dans l'association par le seul fait de leur naissance.

Nous ferons remarquer que la mesure la plus importante dans l'économie de l'institution proposée, est la conservation, comme capital de main-morte, consacré au travail par association et sous une direction commune, des terres, bâtiments et instruments d'exploitation.

En effet, c'est l'immobilité de ce capital qui seule permettra de maintenir la colonie à l'état militaire et de lui assurer de la durée. C'est le seul moyen d'assurer la meilleure culture des terres, dans une direction utile à la conservation en général, de garantir les colons contre l'immoralité et contre la fascination de l'agiotage, d'encourager la population, etc. En distribuant les terres, on détruit, au contraire, le bien commencé; on favorise l'éparpillement à tel point, qu'après quelques années, on ignorerait à quels hommes on aurait affaire; on nuit à la population : car, pour que celle-ci se développe au plus haut point, il ne suffit pas de la sécurité dans les moyens d'existence, il faut encore mettre des limites à l'esprit d'aventure, qui ne s'arrange guère des familles nombreuses, etc. D'ailleurs le capital de mainmorte dont il s'agit, et dont la jouissance accordée aux colons serait un avantage immense qu'ils ne trouveraient nulle part ailleurs, ce capital représente des droits réels, savoir : la terre, droit de propriété du gouvernement, et la ferme, habitation et instruments d'exploitation compris, droits de propriété non moins respectables de l'association.

C'est pour ces motifs qu'il serait à désirer que nulle portion de terre ne fût retirée du commun de la ferme, pour devenir propriété particulière, et ce n'est que pour avoir de bons colons qu'on leur accorde quelques hectares.

Des colonies de cette espèce seraient, dans la civilisation moderne, l'analogue du bénéfice militaire des Romains et des Francs, du bénéfice féodal établi par Guillaume le Conquérant en Angleterre, et enfin des colonies militaires plus modernes établies par les empereurs d'Autriche sur les frontières de la Hongrie. Rappellerons-nous que ce système a également été établi en Suède, lorsqu'on voulut avoir une armée nombreuse, toujours prête, et ne coûtant rien à l'Etat en temps de paix (1)?

Elles offriraient certainement tout ce qui a manqué jusqu'à ce jour aux colonisations d'Afrique : la moralité chez les hommes et dans l'institution, la conservation de l'esprit de nationalité, ainsi que des mœurs et des croyances de la mère-patrie, l'intelligence dans le travail, et enfin la sécurité et la salubrité.

La création de pareilles colonies réunissant tous les avantages que nous venons de signaler est-elle possible en Algérie? Telle est la question qui reste à résoudre, et que nous allons discuter.

(1) Voyez la note III à la fin du volume.

# CHAPITRE VI.

Choix de la contrée pour la fondation des colonies. Salubrité. Fertilité.

Pour que les fondations dont il s'agit puissent lutter avantageusement contre les nombreuses difficultés qui se présentent dans toutes les colonies naissantes, et qu'elles offrent des garanties non équivoques d'un avenir prospère, il faut que les terres où elles seront placées réunissent trois conditions principales qui sont : salubrité, fertilité, sécurité. Il faut en outre que la position de ces terres soit en harmonie avec le plan d'occupation du gouvernement, le seconde, le fortifie. Or, quelles sont les contrées qui réunissent tous ces avantages? J'en connais deux, l'une dans la province d'Alger, l'autre dans la province de Constantine. La première, c'est le versant septentrional de la chaîne des montagnes appelées Jurjura ou petit Atlas, qui s'étend depuis l'Oued-Gourmat jusqu'à l'Oued-el-Isser, ou mieux, depuis Scherchell jusqu'à Dellys. L'autre, c'est ce qu'on appelle la vallée de Philippeville à Constantine. Ces deux contrées, je les ai parcourues plusieurs fois à pied et à cheval, je les ai examinées attentivement sous le rapport de la colonisation, et je puis en parler avec pleine connaissance.

La première, ou le versant et le pied septentrional du petit Atlas, pourrait aussi être appelée la lisière sud de la plaine de la Metidja, car elle entoure cette plaine au sud dans toute sa longueur. Que ce voisinage de la Metidja n'effraye personne : je connais cette plaine dans sa plus mauvaise partie ; j'y ai passé *quinze* jours et *quinze* nuits, j'ai été au milieu de ses marais, et je n'ai rien omis pour en avoir une idée juste et complète. Oui, une grande partie de cette plaine est marécageuse ; mais les marais se trouvent, non pas au pied du petit Atlas, mais du côté opposé, au pied du Massif et du Sahel, et ils s'étendent, à une distance plus ou moins rapprochée d'eux, depuis la Maison-Carrée et la Rassauta jusqu'au tombeau de la Chrétienne ; aussi, cette partie ou cette lisière du nord de la plaine est-elle très-malsaine pendant trois à quatre mois. L'insalubrité provient des miasmes délétères qu'exhalent les marais pendant les grandes chaleurs, et lorsque commencent les premières pluies d'octobre. Les premières gorges et les premières collines mêmes du Massif et du Sahel en souffrent beaucoup; car quand le sémoun, ou le vent du désert vient à se lever, son souffle brûlant, passant sur ces marais, développe encore davantage les miasmes, les pousse devant lui, et va les déposer sur les hauteurs. Ce fait remarquable se renouvelle partout où il y a des plaines marécageuses ; partout les hauteurs, qui les entourent au nord, sont presque aussi malsaines que les marais eux-mêmes. Ainsi, à Bougie, une partie de la ville regarde la mer vers l'est, l'autre la plaine vers le sud. Eh bien, pendant quatre mois, depuis le 15 juillet jusqu'au 15 novembre, presque tous ceux qui habitent la partie qui regarde la plaine ont la fièvre, tandis que dans l'autre partie, presque personne n'en est atteint. Il suffit même, quand on a la fièvre, de venir dans cette partie, pour en être entièrement quitte au bout de huit à dix jours.

Mais allons au delà de la plaine, allons au pied ou sur les premières collines du petit Atlas ; là il n'y a plus de marais, plus d'exhalaisons délétères, plus de sémoun qui les y porte sur ses ailes brûlantes ; car, à partir des bords des marais qui se trouvent principalement, comme nous l'avons dit, au pied du Massif et du Sahel, la plaine s'élève d'une manière très-sensible : elle a presque partout 4 ou 5 centimètres d'élévation par mètre ; en sorte que là, au pied des montagnes, on se trouve à plus de 200 mètres au-dessus du bassin des marais ; et, en se plaçant sur les premières collines, on peut se mettre à 4 et à 500 mètres au-dessus d'eux. Nulle part dans mes voyages, ni en Allemagne, ni en France, ni en Suisse, ni en Italie, je n'ai trouvé de position qui puisse être comparée à cette contrée : le pied méridional des Vosges, depuis Thann jusqu'à Saverne, c'est-à-dire la plus belle partie de l'Alsace, qui est une des meilleures provinces de France, ne peut en fournir qu'une faible copie. Là se trouvent réunis tous les éléments de prospérité et des plus grands succès. Il y a presque partout un air pur et rafraîchi par le voisinage des hauteurs. Là se trouvent partout des sources nombreuses et abondantes, qui descendent du versant, ou qui jaillissent toutes vives de dessous les rochers de l'Atlas. Cette longue chaîne de hautes montagnes semble avoir été placée exprès là par la nature, comme une immense barrière contre les vents du désert. Là, on a, d'un côté, les collines et les gorges de l'Atlas, pour la plantation de la vigne, de l'olivier, de l'amandier, du figuier, etc., etc.; d'un autre côté, on a toute la partie méridionale de la plaine, avec ses terres grasses pour la grande culture des céréales, du mûrier, du coton, des tabacs fins, etc., etc., et des fourrages abondants pour l'établissement des haras et l'entretien des troupeaux les plus nombreux. Là, il y a partout des carrières de pierres à chaux et de plâtre pour les constructions; des terres glaises pour la fabrication de la brique et de la tuile, et du bois pour chauffer les fours. De là, on pourra, pendant une grande partie de l'année, descendre en toute sécurité au milieu de la plaine, creuser des canaux, tirer des fossés d'écoulement, planter des arbres, semer des forêts, et, par là, dessécher et assainir complétement sa partie marécageuse.

C'est donc au pied du petit Atlas qu'il faut aller élever nos grandes fermes, nos villages; en échelonner trente à quarante sur une longueur de trente à quarante lieues depuis Scherchell jusqu'aux bords de l'Oued-kaddara, de l'Isser, ou de la Bougania, près de Dellys. Nulle part elles ne prospéreront mieux ni plus vite que là; en peu d'années elles deviendront florissantes, et formeont ainsi, dans un grand rayon, autour d'Alger, qui est et qui doit demeurer le centre de l'Afrique française, non-seulement un *obstacle continu*, mais vivant, une barrière impénétrable à toutes les incursions de l'ennemi.

L'autre point, également propre à recevoir aussitôt une forte colonisation, qui rendrait de grands services au gouvernement, est le terrain qui se trouve sur la route de Philippeville à Constantine. Il a à peu près dix-huit lieues de longueur, et se trouve composé de trois vallées coupées par des chaînes de collines, qu'on pourrait appeler des massifs. Les deux premières portent leurs eaux dans la mer, près de Philippeville; l'autre les porte vers l'ouest dans le Rummel. Cette dernière, qui a trois à quatre lieues de longueur sur une demie de largeur, offre un des sites les plus enchanteurs que l'on puisse voir. C'est une oasis superbe. entourée partout de montagnes, couverte en partie d'une végétation brillante, d'oliviers, de dattiers, d'orangers, de peupliers et d'amandiers, etc. Les eaux y sourdent de tous côtés ; il y a une source thermale de plus de 60 degrés centigrades, tellement abondante, que les Arabes l'appellent la mer. Toutes ces terres appartiennent au Beylik : elles étaient autrefois bien cultivées ; mais depuis que les Français sont à Constantine, et qu'ils ont repris l'ancienne voie romaine, qui conduit à Philippeville, en les traversant, la plupart, les cinq sixièmes des terres sont en friche. On pourrait y établir, de suite, deux grandes fermes, chacune de cent familles, qui ne manqueraient pas d'atteindre, sous peu, une grande prospérité; car, sans parler des céréales, on pourrait y faire des plantations de cotonniers, de mûriers, de tabacs fins, qui ne le céderaient pas aux plus belles d'Italie et d'Égypte. Les montagnes qui sont autour, seraient très-propres à la culture de l'olivier, de la vigne, de l'amandier, du figuier, etc., et nourriraient en outre de nombreux troupeaux pendant toute l'année.

La seconde vallée s'étend du camp des Toumiets au camp *El-Arrouch*, sur une étendue de plus de trois lieues; elle est couverte d'une quantité prodigieuse d'oliviers, ainsi qu'une partie des coteaux qui la longent. L'armée en a déjà coupé des milliers, et en a brûlé des bois entiers pour éclairer la route, et néanmoins on en pourrait greffer aussitôt plus de cent mille, de 3 à 4 centimètres de diamètre et au delà. Il y a presque partout, mais surtout aux Toumiets, des sources très-abondantes d'une eau excellente. Les coteaux qui l'entourent ont peu d'inclinaison, et sont couverts d'une bonne terre végétale. Sans se prêter à la grande culture des céréales, cette vallée présente tous les éléments de prospérité à trois grandes fermes. Les Toumiets, à peu près à moitié chemin de Philippeville à Constantine, deviendraient bientôt d'une grande importance.

La troisième vallée va jusqu'à la mer; elle n'est pas

aussi longue que les précédentes, mais elle est plus large; la partie qui avoisine Philippeville a déjà été concédée à ses habitants; elle est très-fertile et propre à toutes les cultures, car il y a de l'eau en abondance. Il s'y trouve beaucoup de gros arbres, dont une partie pourrait servir de bois de construction. A deux petites lieues de la ville, il y a un blokhaus; là, ou un peu plus bas, on pourrait placer une grande ferme ou village : cette position serait très-avantageuse pour la ville et pour le village lui-même.

Les deux massifs, qui entrecoupent et partagent ces trois vallées, sont loin d'être stériles. Il y a partout une excellente terre végétale, quelquefois de belles sources; le premier renferme même beaucoup de bois : ils pourraient donc également servir à l'établissement des colonies proposées. Quant à la salubrité des vallées, je ne crois pas qu'on puisse en douter, quand on a été sur les lieux et qu'on les a examinées. Il est cependant vrai que nous y avons vu périr un certain nombre de nos soldats. Mais nous en perdons beaucoup partout, et je suis même étonné que nos pertes ne soient pas plus considérables. En France, si nos soldats avaient à endurer tout ce qu'ils souffrent en Afrique, la maladie et la mort ne feraient pas moins de ravages parmi eux. En Afrique, ils sont presque tous, pendant toute l'année, sous la tente, ou dans des baraques en planches, qui ne valent pas mieux; ils sont exposés très-souvent à des pluies battantes, pendant des jours et des nuits entières; tout trempés alors, ils n'ont pour se coucher et pour se sécher que la terre nue et humide, avec un sac de campement et une simple couverture ; ils sont, en outre, en butte à mille privations, et ils offrent d'autant moins de résistance aux causes de maladies, qu'ils sont plus jeunes et leur constitution moins formée ; ils doivent donc nécessairement succomber, là où des colons arrivés à l'âge de la plus grande vigueur virile, bien logés, bien couchés, bien nourris, devront vivre et prospérer. Nos soldats seraient de fer, qu'ils périraient ; car le fer aussi se rouille, et périt dans l'eau et dans la boue.

Jusqu'ici on a trouvé commode de rejeter toutes nos calamités sur le climat ; et ce climat, d'après le consentement unanime de tous les voyageurs distingués, est un des plus beaux du monde ; c'est celui où, d'après le témoignage d'un observateur profond, d'après Salluste, qui y a passé plusieurs années, les gens n'y mourraient que de vieillesse. Ce climat, dis-je, serait resté encore longtemps le bouc émissaire de toutes nos fautes et de toutes nos pertes, si un fait remarquable, arrivé l'année dernière, n'était venu le venger, et prouver hautement que ce n'est qu'à notre négligence et à notre incurie qu'il fallait attribuer nos malheurs. L'année dernière, à Philippeville, sur une garnison de deux mille quatre cents hommes, il en est mort plus de huit cents ; tandis que sur la population civile, qui est de quatre mille cinq cents âmes, il en est mort à peine cent : d'un côté, un sur trois, et de l'autre, un sur quarante-cinq. D'où vient cette énorme disproportion ? Les uns et les autres ont cependant le même climat... Ce fait seul parle plus haut que de longues dissertations. Eh bien ! la mortalité parmi nos soldats sur les autres points de l'Algérie ne prouve pas plus contre le climat d'Afrique que ne le prouve la mortalité de Philippeville : partout ce sont les mêmes causes, et ces causes produisent presque partout les mêmes effets (1).

(1) Voyez la note IV à la fin du volume.

# CHAPITRE VII.

---

### Formation de grandes fermes. Sécurité.

Ce qui doit le plus fixer notre attention, après le choix de positions salubres et fertiles, c'est la question de la sécurité ; et, sous ce rapport, les deux contrées dont nous venons de parler ont chacune leurs avantages et leurs désavantages. Dans la province de l'est, les tribus sont assez paisibles : ce sont des Kabaïles qui demeurent dans de petites chaumières rapprochées les unes des autres, cultivant les champs qu'ils ont hérités de leurs ancêtres. Parmi ces tribus, il y en a quelques-unes qui nous sont dévouées et qui ont déjà donné des preuves de leur dévouement. Il n'en est pas de même des tribus qui habitent le petit Atlas : elles sont presque toutes très-guerrières, et toutes nous détestent cordialement. Mais si, sous le rapport de la population, la province de Constantine l'emporte sur celle d'Alger, il n'en est pas de même sous le rapport stratégique ; car, dans la première, les colonies formeraient une longue ligne resserrée étroitement des deux côtés par des tribus dont la plupart sont cependant loin d'être nos amies; tandis que, dans la seconde, elles formeraient une suite de grandes fermes fortifiées et échelonnées sur les premières collines d'une chaîne de montagnes très-hautes, qui les séparent des tribus ennemies.

Mais quelles que soient les contrées que l'on choisisse, ou la vallée de Philippeville à Constantine, ou le pied du petit Atlas, ou toute autre, il n'y aura jamais de sécurité, par conséquent point de colonisation possible, si l'on suit le système ou plutôt le non-système qui a prévalu jusqu'ici. Jusqu'à ce jour dans la province d'Alger les colons pouvaient aller s'établir partout où ils le jugeaient à propos, ou plutôt où leur caprice et une spéculation avide les portaient. La prudence ne leur a jamais servi de guide. Aussi leurs établissements isolés, éparpillés sur une grande étendue, sans ordre, sans liaisons entre eux, ne purent-ils tenir contre les irruptions des Arabes. Presque tous devinrent la proie des flammes à leur première apparition. Cet isolement des colons leur devint fatal jusque dans le Massif, et presque sous les murs d'Alger. Il ne se passa pas d'année sans qu'il y eût un bon nombre de colons enlevés ou assassinés sur leurs champs et dans leurs maisons mêmes; et il est certain que cela aura toujours lieu aussi longtemps qu'ils seront ainsi isolés les uns des autres (1).

(1) Les dernières nouvelles qu'on a reçues depuis peu en sont encore une triste preuve.

Pour qu'il y ait sécurité, il faut que la colonisation se fasse, surtout sur les premières lignes, par fortes agglomérations. Il faut que les colons soient tous ramassés dans de grandes fermes ; que ces fermes soient toutes entourées de quelques ouvrages de défense, comme d'un mur crénelé ou au moins d'un fossé ; qu'elles soient ainsi disposées qu'on puisse se donner des signaux des unes aux autres et qu'elles communiquent entre elles par des chemins praticables en toute saison. Mais cela ne suffit pas : il faut que, dans l'intérieur de la ferme, les colons ne forment qu'un seul corps, qu'ils soient animés d'un même esprit, que toutes leurs forces soient dirigées vers un même but, que tous soient formés aux exercices militaires, non pas tant pour aller se battre contre l'ennemi, que pour défendre leurs foyers et leurs champs. Il faut, par conséquent, dans chaque ferme, un officier spécialement chargé de cette défense et de leur instruction militaire, qui leur apprenne non pas tant à bien présenter les armes qu'à bien ajuster l'ennemi. Chaque colon sera donc armé d'un fusil ou d'une carabine portant plus loin que les fusils ordinaires, et fera les exercices au moins deux fois par semaine. Il y aura, en outre, dans chaque ferme, une vingtaine de fusils de remparts, et là où la gravité de la position pourrait l'exiger, on pourra mettre quelques petites pièces de canon.

On objectera peut-être, tout en reconnaissant que les colons se défendront facilement dans de pareilles fermes, qu'il n'en sera pas de même quand ils cultiveront leurs champs. On demandera comment alors ils pourront être à l'abri d'une attaque brusque, et surtout comment ils pourront préserver leurs moissons de l'incendie? La réponse est facile. Remarquons que, quand ils iront aux champs, ce ne sera jamais isolément; ils ne seront jamais éparpillés çà et là, comme cela est toujours arrivé jusqu'ici; mais ce sera toujours par groupes assez forts qu'ils iront travailler à la terre, le fusil en bandoulière, s'il le faut. En outre, il sera très-facile de poser quelques vedettes sur les directions par où les Arabes pourraient arriver. Enfin, la meilleure réponse à l'objection, c'est que les Arabes seront eux-mêmes occupés de leurs propres cultures, lorsque nous ferons les nôtres. Quant au danger de l'incendie, il sera facile de l'éloigner, en disposant les cultures de manière à ce que celles qui sont incendiables, sur le sol, soient espacées entre elles par des cultures ayant la propriété contraire. Ensuite, on pourra rendre le terrain impraticable au parcours des Arabes, comme à la propagation de l'incendie, en le divisant en espaces entourés de fossés plantés de haies vives, de figuiers de Barbarie et d'aloès, qui sont incombustibles. Ce sera créer quelque chose de semblable à ces bocages de la Vendée, qui offrirent tant de difficultés aux armées régulières et nombreuses de la république. Enfin, au temps de la moisson, s'il y avait quelque crainte, on pourrait élever, pour trois ou quatre semaines, entre les grandes fermes, deux ou trois blokhaus, où quelques hommes, avec des fusils de remparts, suffiraient pour les protéger. Au pied de l'Atlas, cette défense est des plus faciles. Cette chaîne de montagnes forme une espèce de rempart, *un obstacle continu* en première ligne ; les grandes fermes, entourées de quelques ouvrages de défense, formeront *un obstacle continu* en seconde ligne, et si en temps de guerre, on les relie entre elles par deux ou trois blokhaus, cette ligne sera impénétrable. Et qu'on ne craigne pas pour les blokhaus, car, depuis dix ans, les Arabes ne sont jamais parvenus à s'emparer d'un seul, quoiqu'il n'y eût jamais que quelques hommes pour les défendre. Ils n'osent même plus venir les attaquer, depuis qu'on leur en a lancé quelques grenades.

S'il y a ainsi, le long de l'Atlas, une longue ligne de grandes fermes, si ces fermes sont ainsi fortifiées et organisées, non-seulement elles seront dans la sécurité, mais elles en donneront encore à toutes les contrées qui se trouveront derrière elles et qui n'en ont jamais eu jusqu'ici, comme le Massif, le Sahel et toute la plaine de la Metidja. Alors la colonisation individuelle aura un vaste champ, où elle pourra, pendant plusieurs années, se livrer en toute sécurité à de grands travaux et à de nombreuses spéculations : l'épée de Damoclès ne sera plus suspendue sur sa tête. Alors on pourra réduire à peu de chose l'armée et le budget de l'Afrique. Alors on pourra tirer un coup de canon en Europe, sans que nous ayons à craindre de perdre, en un clin d'œil, le fruit des nobles sacrifices que nous faisons depuis plus de dix ans.

## CHAPITRE VIII.

### Capitaux nécessaires.

Une œuvre telle que celle dont il est ici question ne peut sans doute pas se faire sans capitaux considérables. Cependant ce n'est pas aux grands capitalistes qu'on fait maintenant appel. A mon avis, avant de recourir aux grands capitaux, il faut faire voir, non pas sur le papier, mais en réalité, faire palper, pour ainsi dire, les beaux résultats que l'on peut obtenir en Afrique, par une colonisation bien organisée. Une fois ces premiers résultats obtenus, les capitaux ne manqueront pas, pour continuer l'œuvre et en obtenir de nouveaux et de plus considérables.

Il ne s'agit d'abord que de la fondation d'une seule grande ferme, contenant, outre quelques personnes d'administration, cent familles de colons : environ, cinq cents personnes. Tous les frais d'une ferme de cette grandeur peuvent monter, tout au plus, à 400,000 fr.

Voici comment j'établis les calculs :

Toutes les dépenses se divisent en deux catégories : en frais de fondation et en frais d'entretien.

Les frais de fondation comprennent :

1° La construction des bâtiments ;

2° Leur premier ameublement ;

3° Les objets nécessaires à l'exploitation.

Les frais d'entretien comprennent la nourriture et le vêtement des colons.

I. — Les constructions nécessaires pour loger cent familles avec l'administration, en tout, cinq cents personnes, peuvent monter à . . . . . 100,000 fr.

On sera peut-être tenté d'élever des doutes sur la possibilité de construire en Afrique, pour cette somme, un local commode pour cinq cents personnes. Il n'y a pas de doute que cette somme serait insuffisante, si les constructions devaient se faire par des ouvriers civils qui coûtent encore fort cher en Afrique ; mais elles pourront, elles devront même se faire par l'armée, comme nous le ferons voir plus bas ; et alors la somme sera suffisante. C'est le sentiment de M. le général Bugeaud, gouverneur actuel, qui a étudié la question, lors de son premier séjour en Afrique, et qui a promis de les faire à ce prix. D'ailleurs, il ne sera pas nécessaire que tous les bâtiments servant à l'exploitation soient élevés en même temps. Pourvu que les hommes puissent être logés un peu commodément, le reste se fera par les colons eux-mêmes, dans le courant de l'année.

| | | |
|---|---|---|
| Portons donc pour prix des constructions, ci : . . . . . . | | 100,000 |
| II.—Le prix des objets absolument nécessaires pour leur ameublement peut s'évaluer ainsi : | | |
| 1. Trois cents fers de lit à 50 fr. l'un dans l'autre. . . . . . . . . . . . . . . . . . . . . . | 9,000 | |
| 2. Trois cents paillasses et rouleaux, à 10 fr. les deux. . . . . . . . . . . . . . . . . . . . . | 3,000 | |
| 3. Cent cinquante matelas, à 20 fr. chaque. . | 3,000 | |
| 4. Cinq cents paires de drap en coton, à 12 fr. la paire. . . . . . . . . . . . . . . . . . . . | 6,000 | |
| 5. Trois cents couvertures en laine, à 10 fr. l'une. . . . . . . . . . . . . . . . . . . . . | 3,000 | |
| 6. Cent cinquante tables grandes et petites. . . | 1,500 | |
| 7. Cinq cents chaises et bancs. . . . . . . . . . | 600 | |
| 8. Pour les objets nécessaires aux écoles. . . . | 500 | |
| 9. Pour les objets nécessaires à la chapelle. . . | 1,400 | |
| 10. Pour monter une petite pharmacie. . . . . . | 1,000 | |
| 11. Cuisine et buanderie. . . . . . . . . . . . . . | 2,000 | |
| 12. Pour différents objets non mentionnés. . . . | 5,000 | |
| | 36,000 | |
| Portons donc pour le mobilier indispensable. . | | 36,000 |
| III.—Les objets nécessaires pour l'exploitation des terres peuvent s'estimer comme suit : | | |
| 1. Cinquante paires de bœufs, à 200 fr. l'une. . | 10,000 | |
| 2. Deux cents vaches, y compris deux taureaux, à 75 fr. l'une, ci. . . . . . . . . . . . . . | 15,000 | |
| 3. Cinquante chevaux, à 200 fr. chacun. . . . . | 10,000 | |
| 4. Dix mulets, à 200 fr. chacun. . . . . . . . . | 2,000 | |
| 5. Mille brebis, à 10 fr. la pièce. . . . . . . . . | 10,000 | |
| 6. Un petit troupeau de porcs. . . . . . . . . . . | 1,000 | |
| 7. Pour une basse-cour et son entretien. . . . . | 1,000 | |
| 8. Pour la culture des abeilles. . . . . . . . . . | 400 | |
| 9. Cinquante charrues à 80 fr. l'une dans l'autre. | 4,000 | |
| 10. Herses et rouleaux. . . . . . . . . . . . . . . | 1,000 | |
| 11. Quatre semoirs-Hugues. . . . . . . . . . . . | 1,500 | |
| 12. Vingt chariots de différentes grandeurs, à 200 fr. l'un dans l'autre. . . . . . . . . . . | 4,000 | |
| 13. Pour différents instruments aratoires. . . . . | 1,000 | |
| | 60,900 | 136,000 |

| | | |
|---|---|---|
| Reports. . . . . . | 60,900 | 136,000 |
| 14. Harnais pour bœufs et chevaux. . . . . . . | 5,000 | |
| 15. Deux cents hectolitres de blé pour ensemencer cent hectares, à 15 fr. l'hect. . . . . . . | 3,000 | |
| 16. Quatre cents hectolitres d'orge pour ensemencer deux cents hectares, à 9 fr. l'hect.. | 3,600 | |
| 17. Cinq mille mûriers à haute tige à 30 cent. la pièce, ci. . . . . . . . . . . . . . . . . . | 1,500 | |
| 18. Dix mille multicaules et sauvageons, à 10 fr. le cent. . . . . . . . . . . . . . . . . . . | 1.000 | |
| 19. Cinq mille oliviers, à 30 cent. la pièce. . . . . | 1,500 | |
| 20. Dix mille pieds de vigne, à 5 fr. le cent. . . | 500 | |
| 21. Mille pieds de grenadiers, figuiers, amandiers, jujubiers, etc., etc., à 50 cent. la pièce. . . . . . . . . . . . . . . . . . . . | 500 | |
| 22. Deux cents orangers et citronniers, à 2 fr. la pièce. . . . . . . . . . . . . . . . . . . . | 400 | |
| 23. Pour commencer une pépinière. . . . . . . . | 1,000 | |
| 24. Semences potagères et fourragères. . . . . . | 600 | |
| 25. Cinquante quintaux métriques de pommes de terre, à 10 fr. le quintal métrique. . . . . | 500 | |
| | 80,000 | |
| Ainsi pour le matériel d'exploitation, etc., ci. | | 80,000 |
| IV. — Entretien de la ferme. | | |
| L'entretien de la colonie pendant une année peut se calculer ainsi : | | |
| 1. Quatre cents kilog. de pain par jour, à raison de 30 cent. le kilog. . . . . . . . . . . . . | 43,800 | |
| 2. Cent kilog. de viande, quatre fois par semaine, à raison de 50 cent. le kilog. . . . . . . . . | 10,400 | |
| 3. Deux cents litres de vin par jour, à 20 cent. le litre. . . . . . . . . . . . . . . . . . . . | 14,600 | |
| 4. Poissons frais et salés. . . . . . . . . . . . . | 2,000 | |
| 5. Cent quintaux métriques de pommes de terre pour six mois, à 10 fr. le quintal métrique. | 1,000 | |
| 6. Cinq mille kilog. de riz, à 40 cent. le kilog. . | 2,000 | |
| 7. Deux mille kilog. de pruneaux, à 40 cent. le kilog. . . . . . . . . . . . . . . . . . . . | 800 | |
| | 75,600 | 216,000 |

| | | |
|---|---|---|
| Reports. . . . . . | 73,600 | 216,000 |
| 8. Quatre mille kilog. de farine et légumes secs. | 2,400 | |
| 9. Trois mille litres d'huile d'olive, à 75 cent. le litre. . . . . . . . . . . . . . . . . . . . | 2,000 | |
| 10. Six mille kilog. de sel pour les hommes et les bestiaux, à 10 cent. le kilog. . . . . . . . | 600 | |
| 11. Deux mille kilog. de café, à 1 fr. 80 cent. le kilog. . . . . . . . . . . . . . . . . . . . | 3,600 | |
| 12. Quatre mille kilog. de sucre, à 1 fr. le kilog. | 4,000 | |
| 13. Deux mille litres de vinaigre, à 20 c. le litre. | 400 | |
| 14. Mille kilog. de savon, à 1 fr. . . . . . . . . . | 1,000 | |
| 15. Habillement des colons. . . . . . . . . . . . . | 10,000 | |
| 16. Entretien des troupeaux pendant six mois, six cents kilog. d'orge, à 9 fr. . . . . . . . . . | 5,400 | |
| | 104,000 | |

Ainsi, les frais d'entretien d'une grande colonie de cent familles nourries et vêtues beaucoup mieux qu'en France, monteront, pendant une année, à la somme de 104,000 fr., ci. . . . . . . . . . . . . . . . . . . . . . . . . . . . . . 104,000

Je ne compte que les frais d'entretien d'une année, parce que les récoltes, les jardins et les troupeaux fourniront abondamment pour les années suivantes, à l'exception du vin, du café, du sucre et du sel. Si nous ajoutons donc encore 20,000 fr. pour le vin de deux années, et 20,000 fr. pour le café et le sucre, etc., etc., pour le même temps, nous aurons tous les frais d'entretien pendant trois années. Ce qui fera encore une somme de 40,000 fr., ci. . . . . . . . . . . . . . . 40,000

Total. . . . . . . . . . . 360,000

Ainsi, tous les frais de fondation, de fournitures et d'entretien d'une ferme reviendront pendant trois années à 360,000 fr. Il nous restera donc encore la somme de 40,000 fr. pour frais imprévus, pour aller à 400,000 fr., somme que nous avons fixée pour la fondation et l'entretien d'une ferme, pendant trois ans.

(1) Voyez la note V à la fin du volume.

# CHAPITRE IX.

## Cultures de la ferme.

Tous nos soins, tous nos efforts dans les cultures tendront à nous assurer, avant tout, les objets de première nécessité, et à affranchir la colonie de l'énorme tribut qu'elle paye, sous ce rapport, à Tunis, à l'Italie, à l'Espagne, à l'Égypte, et jusqu'aux Russes de la mer Noire. Ce sont, en effet, ces différents pays qui, depuis que nous sommes en guerre, fournissent presque tout ce qui sert à la consommation des troupes et jusqu'aux fourrages des chevaux!!! Si cet affranchissement n'était pas dans l'intérêt de toute colonie naissante, notre position vis-à-vis des Arabes, notre éloignement de la France, la moindre probabilité d'une guerre en Europe, nous en feraient une impérieuse nécessité. Je pense qu'il n'est pas nécessaire d'insister davantage sur ce point.

Nous cultiverons donc, avant tout, ce qui est nécessaire à l'entretien de la ferme, tant des hommes que des troupeaux, et, sous ce rapport, il y a peu de pays qui offrent autant d'avantages que l'Afrique septentrionale.

On ne se fait pas d'idée de la pitoyable routine que les Arabes suivent pour la culture des céréales ; ordinairement ils jettent la semence sur le terrain, avant qu'il ait été retourné, puis ils écorchent simplement un peu la terre, avec une mauvaise charrue. En France, si on cultivait ainsi, on ne récolterait pas même la semence. Eh bien ! cela n'empêche pas les Arabes de faire des récoltes, dont le terme moyen est de 12 à 15 pour un. Et M. Desfontaines, qui, pendant plusieurs années, a étudié et parcouru le pays, et qui l'a particulièrement examiné sous le rapport de sa fertilité, dit que *les récoltes sont ordinairement de 12 à 20 pour un, et qu'il y a des cantons où elles rendent jusqu'à* 50, *et plus.*

Je ne pense pas, comme un mémoire adressé l'an dernier à la Société coloniale d'Alger, par les bureaux du ministère de la guerre, a semblé le prétendre, qu'en Afrique une mauvaise culture est le moyen d'obtenir de meilleures récoltes. J'ai vu partout le contraire ; les Arabes ne le croient pas non plus : seulement ils disent qu'ils se contentent des produits actuels, et qu'ils n'ont pas besoin d'en rechercher de plus forts. C'est encore par le même motif qu'ils ne fument pas leurs terres ; ils les laissent en friche pendant plusieurs années, et y font passer leurs troupeaux.

Nous sommes donc bien fondés à compter sur de belles récoltes de céréales, de froment, d'orge, de maïs, de sorgho, etc., etc. ; et nous espérons non-seulement que nous n'aurons bientôt plus besoin d'aller, avec nos millions, *mendier* du pain chez nos voisins, et même chez nos ennemis, mais que nous pourrons nous-mêmes en fournir pour l'exportation.

La culture des plantes légumineuses et fourragères est encore bien plus productive que celle des céréales. Quand, en France, au mois d'octobre, on commence à dépouiller les jardins et les champs de tous leurs fruits, et que toute la végétation dépérit, alors en Afrique, aussitôt que les premières pluies d'octobre sont tombées, on se met à semer et à planter tous les légumes : les pois, les haricots, les épinards, les choux, les choux-fleurs, les salades, les carottes, les navets et les pommes de terre; en un mot, tout ce que nous semons et plantons ici au mois d'avril; et, de cette manière, on a ces légumes, pendant tout l'hiver, aussi beaux, et plus beaux même, qu'en toute saison, en France. Il est vrai, l'hiver, en Afrique, est presque un printemps continuel; la température est alors à peu près celle de notre mois de mai : des pluies fréquentes et continuelles, échauffées par les rayons d'un soleil vivifiant, développent une abondante végétation. L'hiver, en Afrique, ce sont les pluies du mois de mars, et dès qu'elles sont terminées, on recommence à semer et à planter de nouveau, pour avoir bientôt de nouvelles récoltes ; et là où il y a de l'eau et un peu d'ombrage, la terre ne se repose jamais ; les plantes se renouvellent sans cesse, dans toutes les saisons de l'année.

Cette heureuse nature du climat d'Afrique nous sera

d'un immense avantage pour l'éducation des chevaux et des bestiaux; car on sait qu'elle se fait d'autant mieux, qu'ils sont mieux nourris. Ainsi, au lieu de chasser nos troupeaux sur les champs, comme le font les Arabes, nous les nourrirons dans l'étable ; au lieu de ne leur donner que du foin sec ou de la paille, comme on le fait presque partout en France, nous pourrons leur donner abondamment des pommes de terre, des turneps, des navets et surtout des carottes. Cette dernière plante, comme nourriture des bestiaux, n'est pas encore appréciée, en France, comme un correspondant du *Cultivateur* l'a remarqué dans le numéro de février. Il en a fait sur un demi-hectare une récolte de trente-cinq mille kilogrammes. Quels ne seront donc pas les produits de cette précieuse plante en Afrique, où l'on en fait régulièrement deux récoltes, celle du printemps, et celle d'automne, vers la fin de décembre !

Ces cultures, jointes aux récoltes des foins, des luzernes, etc., que nous ne manquerons pas de faire chaque année, et qui viennent naturellement et en grande quantité sur toute terre où les troupeaux ne passent pas, nous mettront à même d'entretenir de nombreux troupeaux de vaches, de bœufs et surtout de moutons ; nous nous adonnerons principalement à l'élévation des chevaux barbes. Et nous espérons qu'il viendra bientôt un jour où la France n'aura plus besoin, pour remonter sa cavalerie légère, d'aller acheter bien cher le rebut des chevaux des peuples voisins, et que l'Afrique pourra lui fournir tous les chevaux qui lui manquent encore, comme elle les fournissait autrefois aux armées romaines.

Une fois la subsistance des hommes et des bestiaux assurée, nous pourrons nous livrer aux nombreuses cultures qui sont d'un riche revenu, et ces cultures sont, en Algérie, plus nombreuses que partout ailleurs.

Parmi ces cultures nous choisirons principalement celles qui ne feront pas de concurrence, ni directement ni indirectement, aux productions de la mère-patrie. La France cherche, chaque année, pour 60 à 80 millions de francs, des soies et des huiles en Italie, tandis que ce pays ne fait avec nous un commerce que de 15 à 20 millions tout au plus. Il sera donc de notre plus grand intérêt de cultiver, en Afrique, l'olivier et le mûrier, pour nous affranchir de cet énorme tribut. Or, nulle part ces deux arbres ne réussissent mieux qu'en Afrique.

*L'olivier* y est presque aussi vivace et a autant de force que le chêne en France. Autour de Bougie, il y en a encore plus de deux mille dont les moindres ont de $0^m$, 60 à $0^m$, 80 de diamètre. Il en est de même de ceux qui sont à Bone, à Constantine et à Bélida : dans ce dernier endroit, j'en ai mesuré un qui avait plus de dix-huit pieds de circonférence. Comme les Arabes ne savent pas greffer, ces arbres sont loin de rapporter tout ce qu'on aurait droit d'en attendre; néanmoins ils rapportent encore assez pour qu'ils puissent donner l'huile d'olive à 60 centimes le litre.

*Le mûrier* ne vient pas moins bien dans toutes les

parties de l'Algérie. Plusieurs colons en ont fait des plantations en grand qui ont parfaitement réussi. Il y en a une qui a surpassé toute mon attente, c'est celle de M. Urtis. Elle a été faite en 1838 et 1839, et est composée de trois mille mûriers à haute tige et de deux mille cinq cents multicaules et sauvageons. Les premiers, plantés en partie dans un terrain défoncé à $0^m,40$, sont devenus, en moins de trois ans, des arbres assez vigoureux de $0^m,25$, à $0^m,30$ de circonférence; les multicaules et les sauvageons ont fait, la seconde année, déjà une douzaine de jets de $1^m,50$ de longueur. Notre attention sera donc particulièrement dirigée sur ces deux objets qui font de l'Italie, malgré l'incurie de ses habitants, le plus riche pays du monde.

Jusqu'ici on n'a pas fait de grandes plantations de coton, parce que la main-d'œuvre était trop chère ; mais les essais qu'on a tentés ont bien prouvé que le climat était très-favorable à cette culture, et qu'elle pourrait bientôt devenir très-considérable. Néanmoins, comme nous avons pour principe de ne pas faire de concurrence aux productions de la mère-patrie, pas même indirectement, nous ferons peut-être bien de ne pas nous livrer beaucoup à cette culture; car il faut remarquer que, si nous payons chaque année à l'Amérique au moins 60 millions pour le coton, l'Amérique de son côté paye chaque année à notre industrie plus de 100 millions : si donc nous cessions de faire chez eux nos provisions de coton, ils chercheraient bien vite à pouvoir se passer des produits de nos manufactures.

C'est pour le même motif que nous nous abstiendrons de faire de la culture de la vigne un objet spécial ; cependant, comme le vin est presque un objet de première nécessité, nous ne pourrons pas la négliger entièrement : peut-être parviendrons-nous à transplanter dans la colonie les vignes du Portugal et de Madère, ce qui ne serait pas d'un si petit avantage. J'ai examiné dans plusieurs endroits des plantations de vignes, qui, au bout de deux ans, étaient aussi vigoureuses qu'en France au bout de quatre ans, et qui promettaient déjà une assez belle récolte pour la troisième année. La plupart des sarments avaient près de 0m, 02 de diamètre, et près de 2 mètres de hauteur. J'ai vu de vieilles vignes à Bélida, à Bougie et à Constantine qui, grimpant sur des arbres très-élevés, avaient de diamètre 0,m15 à 0,m20.

Le tabac réussit si bien, que, là où il y a de l'eau, on pourra très-facilement en faire deux récoltes, ou bien une récolte après celle des céréales. M. Urtis, que je viens de citer pour sa magnifique plantation de mûriers, en a fait l'essai. Il en a planté au mois de juillet de l'année dernière, époque où les moissons sont déjà rentrées partout, et il en a encore fait une récolte aussi belle qu'on en fait en France.

A ces cultures nous joindrons un grand nombre d'autres également précieuses, quoique d'une moindre importance. Nulle part l'oranger et le citronnier ne viennent si bien qu'en Afrique ; partout ils sont en pleine terre. Le long du petit Atlas, où nous espérons échelonner nos fermes, il y en a des plantations de quatre à cinq mille pieds. Quelquefois il part de la même souche cinq à six troncs, qui, s'élevant à la hauteur de vingt-cinq à trente pieds, forment des pyramides magnifiques. Aussi, en voyant, au mois de janvier 1837, les bois d'orangers autour de Bélida, surchargés de leurs pommes d'or, je me demandais si ce n'était pas là le jardin des Hespérides, et je me souvenais avec plaisir qu'au rapport de Pline l'Ancien lui-même, c'était réellement sur ces côtes que les Grecs avaient placé ce séjour enchanteur.

A côté de ces plantations s'élèveront celles du grenadier, du figuier, du jujubier, de l'abricotier, du pistachier, de l'amandier, du noyer, etc. Tous ces arbres viennent admirablement bien et portent des fruits excellents. Je ne finirais pas, si je voulais entrer dans des détails sur chacun d'eux. Nous ferons aussi des efforts pour réimplanter en Algérie les poiriers, les pommiers et les cerisiers, dont les fruits variés font l'ornement et les délices des tables en Europe, principalement en France. Aujourd'hui, on n'en trouve presque plus nulle part; cependant ils y existaient autrefois, car saint Augustin raconte dans ses Confessions, qu'il alla, un soir, avec plusieurs de ses camarades, voler de belles poires dans un jardin de leur voisin, et il ajoute que ce fut uniquement par méchanceté, puisqu'ils en avaient dans leur jardin qui étaient encore meilleures et plus belles. Aussi les poiriers, les pommiers et les cerisiers qu'un bey de Constantine, le grand Salah-bey, a fait venir de Smyrne, sa patrie, ont-ils bien réussi dans ses jardins ; mais, faute d'un jardinier intelligent, ils dégénèrent et dépérissent rapidement.

Non content de laisser dépérir tout ce qu'ont fait des hommes généreux, non content d'avoir fait disparaître entièrement des centaines de villes florissantes, l'Arabe poursuit, avec un acharnement vraiment infernal, la destruction des ouvrages de la nature : armé du fer et du feu, il fait depuis près de douze siècles une guerre à mort aux forêts de ces contrées. Quand, au mois de juillet, le soleil, entrant dans le signe du lion, darde presque à plomb le feu de ses rayons, alors ces sauvages, sans cœur et sans pitié, lancent la torche incendiaire sur ces forêts languissantes ; les flammes, secondées par les vents brûlants du désert, se propagent avec une rapidité étonnante, et embrasent bientôt des montagnes entières. C'est un spectacle affreux que de voir ces incendies barbares ravager ainsi, pendant six semaines, une grande partie du pays, et tourner si cruellement contre elle-même les bienfaits de la nature. Notre mission réparatrice aura donc à s'occuper de la restauration de cette partie importante d'un pays civilisé. Ce ne sera sans doute pas l'ouvrage de quelques années, mais il ne faudra pas non plus des siècles, comme on l'a dit. Car la végétation, je le répète, est ici extrêmement vigoureuse, et l'on a vu à Alger et à Constantine des acacias, des peupliers, des mûriers, des filaos, multipliés par des morceaux de racines ou de branches, mis en terre, atteindre, à la fin de la seconde pousse, trois, quatre et jusqu'à cinq mètres de hauteur. Le platane, l'érable, le carroubier, l'orme, le tremble, le cyprès, le pin d'Alep, le saule, plusieurs variétés de chêne, y croissent également bien ; le chêne liége qui, grâce à son écorce peu inflammable, a pu résister au feu, forme encore, du côté de La Calle, des forêts considérables.

Telles seront les cultures de nos fermes ; et, si Dieu daigne les bénir, nous espérons qu'elles assureront à nos colonies un avenir prospère.

# CHAPITRE X.

## Produits d'une ferme.

Une ferme montée et organisée, comme il a été dit au chapitre VIII, placée dans une terre aussi fertile que celle de l'Algérie, exploitée par des centaines de bras vigoureux et dirigés avec intelligence, ne pourra manquer de donner des produits considérables. Nous allons essayer quelques chiffres pour en donner une idée; mais afin de ne pas nous tromper, nous ne voulons plus prendre le maximum comme nous venons de le faire pour les dépenses, pas même le terme moyen; nous établirons nos calculs sur le minimum de produits supposables.

Schaw, qui a bien examiné l'agriculture de ce pays, dit que l'Arabe cultive facilement, avec une paire de bœufs, un acre anglais par jour; or il faut deux acres et demi pour faire un hectare. Ainsi, dans la supposition que nos bœufs ne fussent pas mieux nourris que ceux des Arabes, il nous faudrait deux journées et demie pour cultiver un hectare, mais mettons-y trois journées : supposons que, sur les cinquante paires de bœufs, on n'en puisse faire travailler que quarante ; mettons par-dessus encore un cheval à chaque charrue. Ces quarante charrues ainsi attelées doivent donc facilement mettre en culture, par jour, treize hectares. Ce qui ferait, en supposant qu'ils ne puissent travailler que vingt jours en automne et vingt jours au printemps, cinq cent vingt hectares. Mais comme c'est la première année, et que nous ferons plusieurs labours, quoique les Arabes n'en fassent presque jamais plus d'un, admettons qu'ils n'en cultivent que huit hectares par jour, cela fera trois cent vingt hectares pour la première année. Supposons, d'un autre côté, que les cultures soient seulement du nombre de celles qui rapportent le moins, comme les céréales ; de plus, prenons encore pour ces produits le minimum qui est en Afrique de dix pour un pour le blé, et de douze pour un pour l'orge, nous aurons, en ensemençant cent vingt hectares en blé et deux cents en orge et en comptant deux hectolitres par hectare, deux mille quatre cents hectolitres de blé et quatre mille huit cents hectolitres d'orge. Si maintenant nous évaluons ce produit en argent, et en mettant l'hectolitre de blé à 14 fr. et celui d'orge à 8, le produit du blé sera de 33,600 fr., et le produit d'orge de 38,400 fr. : retranchons les deux tiers du blé et un tiers de l'orge pour la nourriture des colons (1) et des bestiaux, et pour la semence de la deuxième année, et il nous restera encore 11,200 francs pour le blé et 25,600 francs pour l'orge, ce qui fait une somme

(1) Voyez la note VI à la fin du volume.

de 36,800 fr. comme produit *net* de la première année.

Mais, la seconde année, les cultures pourront facilement être doubles de celles de la première année, c'est-à-dire qu'on pourra ensemencer six cent quarante hectares ; les produits devront alors être doubles aussi, et ainsi nous aurons, en prenant toujours le minimum, 67,200 francs pour le blé et 76,800 pour l'orge ; si nous en retranchons 25,000 pour la semence et le pain des colons, et 15,000 du produit d'orge pour la semence et la nourriture des bestiaux, il nous restera encore de l'un 42,200 fr., et de l'autre 61,800 fr. ; en tout 104,000 fr. comme produit *net* de la deuxième année.

Supposons que, pendant la troisième année, les cultures n'augmentent que d'un sixième (elles seront alors de sept cent quarante hectares, ce qui n'est certainement pas de trop pour cinquante paires de bœufs et cinquante chevaux), ce sera 17,000 fr. à ajouter aux 104,000 fr. de l'année dernière, et nous aurons 121,000 francs, comme produit *net* de la troisième année : déduction faite du pain des colons, de la semence et de la nourriture des bestiaux pendant la quatrième année.

En faisant l'addition de ces différents produits pendant les trois premières années, nous aurons :

| | |
|---|---|
| Produit en argent de la première année. . . . . . . . . . . | 36,800 fr. |
| — — deuxième année. | 104,000 |
| — — troisième année. | 121,000 |
| En tout, un produit *net* de. . . . | 261,800 fr. |

Il a déjà été dit, plus haut, que la culture des céréales n'avait été prise pour base de ces calculs, que parce que cette culture rapportait le moins ; mais on est bien loin de croire que la colonie ensemence effectivement six cent quarante hectares de blé et d'orge, car il y a des cultures qui sont beaucoup plus lucratives ; ainsi, la culture des tabacs fins, celles du lin, du chanvre, du coton, de l'indigo et du cardon à foulon, et beaucoup d'autres rapportent deux et trois fois plus que celle des céréales. Pourquoi donc ne les adopterions-nous pas pour doubler et tripler les revenus ?

On peut voir, par là, que la somme de 261,800 fr., produit net de trois années de culture, quelque forte qu'elle soit, est plutôt beaucoup trop faible que trop forte, et qu'elle pourrait même monter au double, à 500,000 fr.

On s'en convaincra facilement, en établissant les calculs d'une autre manière, et en prenant pour base le produit des cultures de France. Nous avons supposé que la colonie mettait en culture, la deuxième année, six cent quarante hectares, et qu'elle ne cultivait que des céréales ; ces cultures nous ont donné un produit en argent de 140,400 fr., ce qui fait, terme moyen, 225 fr. comme produit entier par hectare. Or, un des plus grands agronomes de France, M. le comte François de Neufchâteau, rapporte dans l'introduction du *Dictionnaire d'agriculture pratique*, page 92, que dans son pays, en Lorraine, à Bruyères-le-Châtel, le terme moyen du produit d'un arpent de terre, cultivé en chanvre et en seigle, en alternant continuellement ce genre de culture, était par chaque année, frais de culture mis à part, de 194 fr. 50 cent : cela fait plus de 450 fr. pour un hectare; c'est le double de la somme que nous avons supposée comme produit d'un hectare en Afrique. Cependant nous ne pouvons point comparer la fertilité de la Lorraine à celle de l'Algérie, la fertilité du pied septentrional des Vosges à la fertilité du pied septentrional du petit Atlas; et si, en Lorraine, on alterne le chanvre avec le seigle, nous alternerons, en Afrique, le lin, le tabac et le coton herbacé avec le froment, etc., etc., cultures qui valent bien le chanvre et le seigle, nous y planterons en outre le mûrier et l'olivier, qui, eux seuls, nous donneront avec le temps, sans beaucoup de peine, de plus grands revenus que toutes les cultures du monde (1).

(1) Voyez la note VII à la fin du volume.

# CHAPITRE XI.

Construction des fermes. Par qui elles doivent être construites

Est-ce par les colons eux-mêmes, ou est-ce par l'armée, que ces fermes doivent être construites? Dans l'état actuel de guerre où nous sommes avec les Arabes, et non moins à cause de l'absence totale de tout abri, il est impossible que les colons puissent construire les fermes eux-mêmes. Ce serait les exposer évidemment aux plus grands dangers et compromettre gravement tout l'avenir de la colonie.... Dans les circonstances actuelles, les fermes ne peuvent être construites que par l'armée elle-même ; mais dans ce cas, la chose est assez facile ; presque toutes les difficultés disparaissent. Tout régiment peut camper sans crainte au pied du petit Atlas, surtout en prenant Bèlida pour centre d'opération et pour point de départ, et en procédant progressivement par fermes, dans les deux directions de Scherchel et de Dellys. Tout régiment aurait ses tentes pour s'abriter un peu contre la fraîcheur des nuits et l'intempérie du temps. Qu'on ne craigne pas le défaut d'aptitude de la part des régiments. Chaque régiment renferme un bon nombre de soldats qui ont déjà chez eux exercé les métiers de maçon, de tailleur de pierre, de charpentier, de menuisier, de briquetier, etc., etc., un plus grand nombre apprendront ces métiers en moins de quinze jours, si on leur adjoint quelques bons ouvriers civils à gages pour les former, et faire les ouvrages les plus difficiles. Et les soldats ne s'y refuseront pas, j'en suis certain. Chacun, au contraire, voudra être ou devenir maçon, ou tailleur de pierre, ou briquetier, je le sais par expérience, pour pouvoir gagner quelque chose de plus que s'il n'était que simple manœuvre. Jusqu'ici les soldats maçons ne recevaient que 50 cent. par jour, et les manœuvres 35 centimes : aussi ne font-ils pas beaucoup d'ouvrage. On pourrait donc, pour les stimuler un peu et en obtenir plus de travail, les payer un peu plus, et *proportionner le salaire au travail.* Quand je construisis, l'année dernière, ma petite maison de campagne, à une lieue de Constantine, j'avais des soldats maçons; ils me firent chacun, par jour, un mètre cube de maçonnerie, malgré les deux heures de chemin qu'il leur fallait perdre pour aller et venir. Je les payai 1 fr. 50 c. par jour, et ils étaient fort contents. Un grand nombre d'autres soldats-maçons, ou se disant maçons, auraient bien voulu venir travailler chez moi; mais mes revenus ne me permirent pas d'acquiescer à leurs désirs. En employant ainsi les soldats à la construction des fermes, on pourrait donner aux maçons 1 fr. par mètre cube de bonne maçonnerie ; 50 ou 60 cent. aux manœuvres, et aux autres ouvriers. De cette manière, les fermes s'élèveraient comme par enchantement ; en moins de deux mois, un régiment en construirait une facilement et parfaitement.

Je suis également convaincu que les régiments gagneraient beaucoup en force morale, et que leur état sanitaire s'améliorerait immensément par le travail. En effet, on a remarqué que le défaut d'occupation nuit au moral du soldat, le conduit à cette maladie redoutable, connue sous le nom de nostalgie, maladie qui est trop souvent mortelle, et qui, il y a un an, a fait périr à Milianah sept cents hommes sur onze cents. En outre, la fin de leur service venue, un grand nombre de soldats, étant accoutumés au travail, ne demanderaient pas mieux que de rester dans la colonie, et ceux qui reviendraient en France ne seraient pas embarrassés pour gagner leur vie. Quand les fermes seraient achevées, on pourrait y caserner les régiments jusqu'à l'installation définitive des colons.

C'est sans doute beaucoup demander à l'armée ; mais il y a là une œuvre nationale. C'est de la colonisation que dépend la conservation de l'Algérie, et la colonisation n'est possible, nous le soutenons, que dans le système proposé. Toutes autres tentatives échoueront, nous ne le mettons pas en doute ; et quiconque méditera sérieusement sur les difficultés, auxquelles notre projet seul répond, ne tardera pas à acquérir une conviction semblable à la nôtre.

## CHAPITRE XII.

---

**Moyen de se procurer les capitaux. Formation d'une Association nationale. Avantages que trouvera le Gouvernement à la protéger et à y prendre une part quelconque.**

Pour obtenir les fonds nécessaires à cette grande et belle œuvre, il y a deux voies : ou par le gouvernement ou par une association. Le discrédit, qui par suite de spéculations honteuses est depuis quelques années tombé sur les associations, est sans doute grand, très-grand même ; mais comme il ne s'agit pas ici d'une œuvre de spéculation, comme chacun s'en convaincra facilement, par la simple lecture des statuts, mais d'une œuvre d'humanité, de religion et d'honneur national, on ne saurait douter que l'on ne recueille par voie d'association la somme, pour ainsi dire, minime de 400,000 fr. qui est nécessaire pour obtenir les premiers succès ; et une fois les premiers succès obtenus, il se trouvera certainement plus de capitaux disponibles qu'on n'en pourra employer. Cette œuvre pourra même devenir un moyen efficace pour réhabiliter et ranimer en France cet esprit d'association sans lequel il ne se fait nulle part rien de grand, rien de digne de passer à la postérité. C'est aussi pour cette raison que cette association a été intitulée nationale, toute la nation française devant contribuer à une œuvre si glorieuse et si digne d'elle.

Pour arriver à cette fin, et pour étendre au plus grand nombre possible la faculté d'y contribuer, on a cru devoir mettre les actions à cent francs chacune, subdivisibles encore en quatre coupons de vingt-cinq francs. Quel est celui qui sent encore son cœur battre au nom de la patrie, de la religion, de l'humanité, de la civilisation, qui ne veuille souscrire volontiers pour cette modique somme, pour peu que sa position le lui permette. Mais il y aurait bien à craindre que cette belle œuvre ne dégénérât bientôt en une affaire de bourse et d'agiotage, si on ne prenait les mesures nécessaires pour l'empêcher. Voici quelles sont les mesures que l'on a jugées convenables :

1° Les actions devront seulement être nominatives.

2° Elles ne pourront point être négociables avant quatre ans.

3° Quels que soient les bénéfices de la colonie, les souscripteurs ne pourront toucher qu'un dividende de 10 p. 0|0 par an, et ce dividende ne sera touché, pour la première fois, qu'au bout de trois ans. Mais à partir de la troisième année révolue, on touchera à la fin de chaque année suivante le bénéfice de 10 p. 0/0 jusqu'au rachat définitif des actions par la colonie.

Ce bénéfice, quelque fort qu'il paraisse, pourra cependant être payé facilement par la ferme, comme on peut s'en convaincre par les calculs que nous avons établis plus haut. En effet, d'après le chapitre VIII, une colonie de cent familles, ne cultivant de ses 2,500 hectares que 320 hectares la première année ; 640 la seconde et 746 la troisième, ne prenant que les cultures qui rapportent le moins, et de plus ces cultures ne produisant que le minimum, donneront cependant un revenu net de 261,800 fr. au bout de trois ans, déduction faite de tout l'entretien de la colonie pendant ce temps, et même du pain et de la semence pour la quatrième année. Si nous retranchons de ce produit les 120,000 fr. garantis aux colons, les 10 p. 0/0 accordés à l'administration, ce qui fait 25,000 fr., il nous restera encore plus de 100,000 fr. pour les dividendes à partager entre les actionnaires.

On ne saurait donc douter qu'on ne puisse trouver les fonds nécessaires par la voie de l'association. Mais quoique cette œuvre puisse et doive se faire par association, elle intéresse cependant le gouvernement sous trop de rapports pour qu'il veuille et puisse même y rester étranger. En effet, le nord de l'Afrique pèse depuis dix ans bien lourdement sur le budget de la France ; il a déjà coûté des millions, et jusqu'ici sans d'autres résultats positifs que d'y avoir enterré 40 ou 50,000 de ses enfants, et il est certain qu'on y dépensera encore davantage, sans plus de succès, si on ne parvient à y implanter une forte population européenne qui soit dévouée. C'est le seul moyen de mettre fin à tant de sacrifices, en même temps qu'à une position aussi précaire. Or, y introduire cette population, l'y faire prospérer, donner une existence heureuse à des milliers de nos malheureux frères et compatriotes, et par là assurer cette belle portion du monde avec la mer qui baigne ses côtes, à la civilisation et à notre chère patrie, voilà le but de cette association, et certainement, il est assez beau et assez noble, pour que tous ceux à qui sont confiées les glorieuses destinées de la France veuillent bien y contribuer et la favoriser de tout leur pouvoir.

Aussi le gouverneur actuel de l'Algérie, M. le général Bugeaud, à qui j'ai eu l'honneur d'exposer verbalement le plan de cette association, la veille de son départ pour l'Afrique, a-t-il tout entrevu de suite la haute portée de l'œuvre, et il s'est engagé à la seconder de tout son pouvoir. M. Laurence, directeur des affaires d'Afrique au ministère de la guerre, auquel ce mémoire a été présenté, est dans les mêmes dispositions. On ne saurait douter que l'illustre maréchal qui est à la tête du ministère, qui sacrifie si généreusement le repos glorieux de ses vieux jours à la prospérité et à la gloire de la patrie, ne soit animé du même esprit, des mêmes sentiments.

Voici la part que le gouvernement pourrait et devrait y prendre : concéder les terres avec exemption d'impôt pendant dix ans ; nommer une commission explorative pour rechercher et désigner les endroits les plus avantageux pour la fondation des grandes fermes, sous le rapport hygiénique, stratégique et agronomique ; faire élever ensuite par l'armée, dans des lieux indiqués, les constructions nécessaires pour le logement des colons. Dans trois à quatre ans, il pourrait en construire 40 à 50, depuis Scherchel jusqu'à Dellys, en côtoyant toujours le petit Atlas ; cela pourrait coûter 5 à 6 millions qui lui seraient remboursés en moins de dix ans.

Malgré les avantages que l'État trouverait, tant quant au revenu qu'il s'assurerait tout de suite, que quant à la bonne organisation de l'institution, à se charger lui-même de réaliser le système de colonisation proposé ; comme il est probable que la situation du budget ne lui permettra point d'y ajouter cette nouvelle dépense, nous avons cru devoir borner nos vœux à la formation d'une compagnie financière qui serait chargée de ce travail, et qui, à l'expiration de son contrat, laisserait l'œuvre commencée aux soins et à la surveillance du gouvernement.

Nous avons divisé notre projet en deux règlements : l'un relatif à la compagnie financière chargée de coloniser, l'autre relatif au système de colonisation lui-même, ou, en d'autres termes, l'un spéculant pour ceux qui prendraient part à l'œuvre en fournissant des capitaux, l'autre exposant les lois de colonisation, le régime des associations agricoles, religieuses et militaires, destinées à occuper les fermes fortifiées, exposant en outre les droits de l'autorité ainsi que les devoirs et les droits des colons.

Si le gouvernement voulait se charger de réaliser lui-même le plan de colonisation dont il s'agit dans ce mémoire, le projet des statuts pour la formation de la compagnie financière devrait être mis de côté, mais il n'y aurait rien à changer dans le règlement de colonisation. Il suffirait de substituer le mot de gouvernement partout où se trouve celui de compagnie. Au reste, la lecture de ces deux règlements donnera mieux que la discussion présente, l'idée du projet nouveau que nous présentons à l'approbation du gouvernement, et des moyens par lesquels nous cherchons à le réaliser.

## CHAPITRE XIII.

### Religion.

Mais nous aurions beau planter, nous aurions beau édifier, nous aurions beau faire les lois les plus sages, jouir de la protection du gouvernement, et avoir à notre disposition tous les trésors du monde, notre entreprise serait vaine et sans avenir, s'il nous manquait le principe qui anime et vivifie tout, la religion. Toutes les institutions humaines, qui n'ont pas été fondées sur cette base divine, s'écroulent, et écrasent de leurs ruines les téméraires qui les ont élevées ; tout arbre qui qui n'aura point été greffé sur cette souche éternelle ne portera point de fruits, ou ne portera que des fruits de mort : c'est par la religion seule que nous espérons surmonter les nombreuses difficultés qui se rencontreront sur notre chemin ; sous son influence bienfaisante se formeront des enfants soumis, des pères et mères respectables, des maris fidèles, des épouses chastes, des amis sincères, des administrateurs probes, des soldats dévoués, en un mot, une société forte et heureuse.

Il est donc important qu'il y ait à la tête de chaque ferme un ministre de la religion, comme lien d'union entre Dieu et les hommes, et comme le plus puissant agent de la discipline et de l'harmonie morale. Il est mille choses que le curé peut faire, et où nul autre ne peut le remplacer. Sans parler des soins du culte et de l'éducation, lui seul dans l'association, avec le médecin, sera uniquement préoccupé du bien-être de tous et de chacun, du faible comme du fort. Sa présence sera une garantie pour les colons, et de plus une garantie pour la compagnie et le gouvernement.

Mais l'importance de ce point étant assez connue, et, comme je le pense, assez généralement avouée, je n'y insiste pas davantage. Je signalerai seulement un autre point, mal apprécié jusqu'à ce jour, les rapports du prêtre avec les indigènes ; car c'est surtout sur les Arabes qu'il exercera une grande et salutaire influence. L'Arabe est profondément religieux. Pour lui Dieu est tout, et il est, sous ce rapport, sans respect humain. Toujours et partout, non-seulement l'Arabe ne craint pas, mais il s'empresse même de donner les preuves les plus éclatantes de sa religion ; aucun sacrifice, quelque grand et quelque douloureux qu'il puisse être, ne lui est de trop, quand il s'agit de la gloire et du nom de Dieu, et il ne comprend pas comment on peut penser autrement : pour lui, un homme sans religion est un être absurde. Aussi a-t-il un dédain et un mépris profond pour des aventuriers européens, qui n'ont d'autre Dieu que l'or ou leurs passions. . . .

Le philosophisme avait cru d'abord que la vue du prêtre exciterait le fanatisme des Musulmans, et les éloignerait de nous. Mais l'expérience est bientôt venue prouver le contraire, de la manière la plus frappante ; c'est précisément sur les points de la régence où la religion a pu, grâce à la sagesse des chefs, se montrer, dès le commencement, avec le plus d'éclat, comme à Bone et à Constantine, qu'il y a eu le plus de tranquillité et le moins d'émigration; et je suis bien convaincu que, si Monseigneur l'évêque avait pu, dès son arrivée en Afrique, envoyer un curé à Bouffarik et à Bélida, comme il avait fait pour Constantine, Abd-el-Kader n'aurait jamais pu remuer les tribus du petit Atlas, comme il l'a fait, et produire un soulèvement général contre les Français.

Ce fait, d'une haute importance, a été constaté même par des protestants. « Les Arabes, dit le major fédéral « Hubert-Saladin, dans une lettre adressée au directoire « de la Confédération suisse, les Arabes sont tolérants « pour tous les cultes, et n'ont de mépris réel que pour « ceux qui n'en professent aucun. Aussi le grand levier « populaire d'Abd-el-Kader contre les Français n'est « point *l'horreur des chrétiens et des infidèles, mais « l'horreur des impies.* L'absence de tout hommage « extérieur rendu à la Divinité, dans les armées fran« çaises, a donné à Abd-el-Kader les armes du pro« phète et sa voix inspirée, pour proclamer la guerre

« sainte contre les blasphémateurs de Dieu (1). »

Si un ecclésiastique ou même un officier catholique avait écrit ces lignes, il serait certainement taxé d'exagération, peut-être même de fanatisme; elles ne sont cependant que l'expression de la pure vérité.

L'Arabe a autant de respect et de vénération pour le prêtre, qu'il éprouve de dédain et de répulsion pour l'homme irréligieux. Je pourrais citer à l'appui de ce que j'avance un grand nombre de faits : j'en ai déjà rapporté quelques-uns, et il n'est pas nécessaire, je pense, d'en citer d'autres.

Le curé sera puissamment secondé dans cette double mission parmi les colons et vis-à-vis des indigènes, par une petite communauté de sœurs de charité, qui seront à la tête de tous les services importants de chaque ferme. Cette petite communauté, composée de huit à dix membres, sera comme la mère des nombreuses familles dont sera formé chaque établissement. Elles regarderont tous les colons et tous les habitants de la ferme comme leurs pères, leurs mères, leurs frères, leurs sœurs, leurs enfants, et chercheront à ne faire de tous qu'une seule et grande famille. Non-seulement l'instruction et l'éducation de la jeunesse leur seront confiées, aussi bien que le soin des malades, mais encore elles seront chargées de toute l'économie domestique de la ferme. Elles auront la direction et la surveillance de la cuisine, de la cave, de la panneterie, des magasins à légumes, de la lingerie,

(1) Voyez *Bibliothèque universelle de Genève*, Janvier 1857.

de la buanderie, etc., etc. Elles ne seront pas tenues à faire le travail manuel de ces différentes branches ; elles choisiront, à cet effet, parmi les femmes et les filles des colons, celles qui leur paraîtront le plus propres à chaque service, et les dirigeront. Il sera fait, sous ce rapport, un règlement fixant les attributions de chacune des sœurs dans la ferme, lequel devra être soumis à 'approbation de leurs supérieurs respectifs.

Nous aimons à regarder la présence de cette petite communauté dans chaque fondation coloniale, comme le moyen le plus puissant de vaincre les grands et nombreux obstacles résultant de la cohabitation de tant de familles diverses, et nous considérons cette mesure comme un gage certain de bonne administration, d'ordre, de paix et de prospérité même pour chaque établissement.

Les sœurs tiendront, en outre, dans chaque ferme un dispensaire pour les indigènes, qui sera dirigé par le médecin; elles y recevront tous les malheureux qui viendront faire un appel à leur charité. Elles y panseront leurs plaies, guériront leurs blessures, et les soigneront dans les nombreuses infirmités qui les affligent. C'est là presque le seul côté par lequel les Arabes sont saisissables; mais c'est aussi par là que la charité des sœurs nous en gagnera et nous en attachera plus et plus solidement que la politique la plus adroite, et tous les écus qu'on a conseillé de distribuer.

Dix sœurs dans une ferme auront plus d'influence sur les Arabes, et donneront plus de sécurité à l'établissement, qu'un bataillon de mille hommes. L'expérience qui a déjà été faite, à cet égard, dans l'Algérie comme à Smyrne, à Constantinople, etc., ne laisse plus aucun doute sur ce sujet, et démontre combien la France aurait d'avantages dans tous les pays musulmans, sur les nations schismatiques et protestantes, sur la Russie et l'Angleterre, si elle savait comprendre et mettre en usage le puissant moyen de nos institutions catholiques.

# Règlement

DE LA

# COLONISATION

EN AFRIQUE.

# RÈGLEMENT.

## § I.

### Nature de la Colonie.

ARTICLE 1. La Société nationale de colonisation dans l'Afrique française se propose de former une colonie en même temps agricole, religieuse et militaire, par voie d'association tant entre les colons, qu'entre les colons et les capitalistes fondateurs.

ART. 2. L'œuvre de la colonisation s'opérera par la fondation successive de grandes fermes, dont le nombre ne sera limité que par l'étendue des terrains concédés, et la puissance des capitaux possédés par la Compagnie.

## § II.

### Composition de chaque ferme.

ART. 5. Chaque ferme sera composée de cent familles, fournissant chacune au moins un homme capable de porter les armes.

Art. 4. Chaque ferme aura à sa disposition un terrain cultivable de vingt-cinq kilomètres carrés (soit 2,500 hectares).

## § III.

### Établissement de la ferme.

Art. 5. Aussitôt que la Société nationale de colonisation aura réuni une somme de 400,000 fr., son délégué en Algérie procédera, sous la direction de l'autorité militaire, à l'obtention, au choix et à la limitation du terrain, ainsi qu'à l'élection du lieu où devront être construits les bâtiments de la première ferme. Ce lieu sera le plus salubre et le plus voisin des matériaux de construction.

Art. 6. Le lieu étant déterminé, des ouvriers y seront dirigés. Ils élèveront d'abord un mur d'enceinte, entouré de fossés (s'il y a lieu), percé de meurtrières, et construit en pierres. Ce mur sera destiné à enceindre tous les bâtiments de la ferme, tant ceux qui seront nécessaires à l'exploitation, que ceux destinés à l'habitation et au service des colons.

Art. 7. Dans chaque ferme, outre les hangars servant d'étables ou d'écuries, les granges, magasins et salles de service, il devra y avoir, au moins, cent vingt logements destinés à l'habitation des colons et à celle des membres de l'administration, des voyageurs, etc.

## § IV.

### Enrôlement des Colons.

Art. 8. A la diligence des autorités et des comités départementaux, il sera fait choix de familles pauvres, mais laborieuses et morales, notamment du nombre de celles qui s'expatrient annuellement pour passer en Amérique.

Art. 9. Pour être admis comme colon, il faudra : 1° prouver qu'il y a dans la famille au moins un homme en état de porter les armes ; 2° fournir un certificat de moralité signé par le maire et le curé, et légalisé par le préfet et l'évêque.

Art. 10. La moitié des colons au moins devra fournir un certificat démontrant qu'ils savent manier la charrue, et qu'ils ont la pratique des travaux agricoles.

Art. 11. Les deux tiers des colons au moins devront être Français ; les étrangers, en entrant dans la colonie, acquerront le titre de Français.

Art. 12. Les colons recevront dans leur voyage en France, pour se rendre à Toulon, l'indemnité ordinaire de route de quinze centimes par personne et par lieue. Ils seront transportés gratuitement du port français en Algérie et jusque sur le terrain de la ferme.

§ V.

**Entrée en jouissance des Colons.**

Art. 13. A son arrivée dans la ferme, chaque famille de colon sera pourvue d'un mobilier suffisant, lequel restera propriété de l'association.

Art. 14. Les colons seront nourris et entretenus aux frais de la Compagnie pendant un an, c'est-à-dire pendant tout le temps nécessaire pour mettre en culture une étendue suffisante de terrain et en recueillir le produit.

§ VI.

**Instruments de travail mis à la disposition des Colons.**

Art. 15. Outre la terre et les bâtiments, on mettra à la disposition de l'association réunie dans chaque ferme, dès le jour de son installation, au moins trente paires de bœufs, cent vaches, trente chevaux, cinq cents moutons, trente charrues en partie arabes, en partie françaises, quinze chariots, les instruments aratoires et les harnais nécessaires, enfin la semence pour au moins trois cents hectares de terre.

Art. 16. Dans l'espace de trois ans ce matériel devra être complété aux frais de la Compagnie et porté à cinquante paires de bœufs, deux cents vaches, cinquante chevaux, mille moutons, cinquante charrues, vingt-cinq chariots et les harnais nécessaires.

Tout ce matériel restera propriété de la ferme.

## § VII.

### Armement des Colons.

Art. 17. Chaque colon en état de porter les armes recevra, par les soins de l'autorité militaire, un sabre, un fusil avec sa baïonnette et une provision de cartouches.

La ferme sera, en outre, pourvue de quelques fusils de rempart et d'autres armes jugées nécessaires à la défense. Ces armes seront numérotées et resteront propriété de l'État.

## § VIII.

### Nature du travail imposé aux Colons.

Art. 18. Le travail de la culture sera fait par association, sous la direction d'un fermier en chef ou directeur des travaux.

Le travail de la ferme, lorsqu'il sera nécessaire, sera fait sous la protection de l'officier commandant.

## § IX.

### Répartition des produits de la culture.

Art. 19. Prélèvement fait des frais de culture, c'est-à-dire de tout ce qui est nécessaire à l'entretien de la ferme et des colons, le produit sera divisé en deux parts égales, l'une appartenant aux colons, l'autre destinée aux usages qui seront indiqués ci-après, art. 46, 47 et 48.

## § X.

### Administration de la ferme.

Art. 20. L'administration de la ferme sera confiée à un comité de cinq membres, qui seront chacun souverains dans l'ordre de leurs fonctions, lorsque les circonstances en appelleront particulièrement l'exercice.

Art. 21. Les membres du comité sont : 1° le fermier en chef ou directeur des travaux ; 2° un économe ; 3° un médecin ; 4° un officier faisant les fonctions de capitaine commandant ; 5° le curé.

Ces membres, sauf le capitaine et le curé, seront nommés par la Compagnie ou son délégué en Afrique ; le capitaine et le curé seront élus par l'autorité compétente.

Art. 22. Le directeur des travaux ou fermier en chef sera chargé de diriger les cultures et les constructions. Il décidera des cultures à faire ; il classera le personnel de la ferme selon les spécialités ; il nommera les chefs de brigade ; il fixera les tâches ; il déterminera les journées de travail ; en un mot, il dirigera tout ce qui concerne le soin de la terre, des semis, de la récolte, du bétail, des instruments d'exploitation ; il fera les ventes et les achats, sauf approbation du comité.

Néanmoins, quant à la détermination des journées de travail, il devra consulter le médecin sur la question d'hygiène. Quant à la disposition, sur le sol, des diverses espèces de culture, il devra consulter l'officier-commandant sur la question de défense ou de sûreté des travailleurs, des récoltes et de la ferme.

Art. 23. L'économe sera chargé de tenir les écritures. Il tiendra un compte ouvert, général pour la ferme, et spécial pour chaque colon. Il sera le secrétaire du comité et en rédigera les procès-verbaux.

Une copie de ces comptes et de ces procès-verbaux devra être envoyée chaque mois au conseil de direction.

Il rédigera également, sous la surveillance du fermier en chef, un journal destiné à relater tous les événements agricoles arrivés dans la ferme.

L'économe, en outre, surveillera les magasins et les distributions; il aura le soin de tout ce qui concernera les consommations des colons.

ART. 24. Le médecin veillera à l'hygiène publique et particulière dans les travaux, les habitations, les cultures, l'alimentation, et il soignera les malades; il donnera des consultations aux Arabes dans un dispensaire organisé à leur usage.

Il tiendra aussi un journal où il relatera tout ce qu'il aura observé de remarquable dans l'exercice de ses fonctions vis-à-vis des colons aussi bien que des Arabes. Il y rapportera aussi les observations météorologiques.

ART. 25. L'officier-commandant sera chargé du soin de veiller incessamment à la défense et à la sécurité de la ferme et des colons, à l'entretien et au bon état des armes et des munitions; il fixera les temps d'exercice et les dirigera; il prendra le commandement en cas d'alerte. En outre, l'officier tiendra un journal contenant la narration de tous les faits relatifs à ses fonctions et aux rapports politiques des colons avec les Arabes.

ART. 26. Le curé sera chargé non-seulement du culte et de la discipline morale, non-seulement de l'éducation des enfants et de l'organisation des salles d'asile, mais encore il surveillera la bonne exécution du système d'association.

ART. 27. Le comité de l'administration s'assemblera

au moins une fois par semaine pour traiter des affaires de la ferme, et pour consulter sur toutes les questions. C'est le curé qui présidera. Procès-verbal sera fait de chaque séance.

Art. 28. Le conseil de direction, siégeant à Alger, fera tous les règlements généraux nécessaires à la bonne économie de l'association ; il décidera souverainement de tous les débats qui pourraient s'élever entre les divers administrateurs.

Tous les trois mois il déléguera un de ses membres pour examiner la situation et les besoins de chaque ferme, et s'en fera rendre un compte exact et détaillé.

Art. 29. De leur côté, les colons éliront entre eux, chaque année, un conseil de famille, composé de cinq membres. Ce conseil recevra, vérifiera et apurera les comptes du directeur des travaux et de l'économe, lors de l'inventaire dont il sera parlé ci-après. Les dire et observations des colons seront mentionnés dans ce procès-verbal, qui sera signé par eux et par les membres du comité.

## § XI.

### Organisation de l'Association agricole en compagnie militaire.

Art. 30. Les colons seront organisés en une compagnie militaire, qui aura pour commandant l'officier désigné par l'autorité militaire ; pour lieutenant, le fermier en chef ; pour sous-lieutenant, l'économe.

Il sera nommé, en outre, un sergent-major, quatre sergents, huit caporaux et un nombre indéterminé de grenadiers.

Art. 31. Le sergent-major, les sergents et caporaux seront élus pour trois ans, selon les formes prescrites par la loi sur la garde nationale.

L'officier-commandant présidera le scrutin et choisira les scrutateurs.

Art. 32. L'officier-commandant conférera le grade de grenadier. Il le donnera à ceux qui se distingueront par leur habileté au tir du fusil et de la carabine, par leur courage et leur bonne conduite.

Art. 33. L'officier-commandant pourra suspendre du grade pour des fautes contre la discipline. Il pourra, pour les mêmes fautes, casser les grenadiers.

Art. 34. Pour juger les fautes contre la discipline, il sera formé un conseil de discipline.

Ce conseil sera composé de l'officier-commandant, président ; d'un officier, d'un sergent, d'un caporal et de trois soldats élus à tour de rôle.

Ses arrêts seront, dans les cas ordinaires, rendus à la simple majorité.

Art. 35. Les peines disciplinaires sont : l'amende et la corvée, la suspension du grade, la perte du grade, l'exclusion de l'association.

**Art. 36.** Le refus, soit de travail, soit de service de la garde nationale, entraînera l'exclusion de l'association.

Dans ce cas, la peine sera prononcée par le conseil de discipline à la majorité des deux tiers des voix, et il y aura possibilité d'appel, sous les trois jours, au comité d'administration, et en dernier ressort au conseil de direction.

**Art. 37.** Toute autre faute contre la discipline sera appréciée par le comité de discipline. En conséquence, il y aura deux votes, le premier sur le fait, le second sur la peine.

La perte du grade ne pourra être prononcée qu'à la majorité des deux tiers des voix.

## § XII.

### Économie intérieure de la ferme.

**Art. 38.** Tout ce qui pourra être fait en commun dans la ferme, sera fait en commun. Ainsi, les soins de la lingerie, du blanchissage, de la boulangerie, de la cuisine, seront faits en commun ; les repas même, si les colons le veulent bien.

**Art. 39.** Il y aura une salle d'asile pour la surveillance des petits enfants ; il y aura une école pour les plus grands ; bien entendu que les sexes seront séparés, et qu'au curé appartiendra le devoir de réglementer tout ce qui sera relatif à ces services.

**Art. 40.** La direction appellera dans le sein de

chaque ferme une petite communauté de religieuses, qui sera chargée de présider, soit aux salles d'asile, soit à l'éducation des filles, ainsi qu'à l'infirmerie, la lingerie, la cuisine, la paneterie, etc.

Art. 41. Elles auront à leur disposition autant de personnes qu'il sera nécessaire pour assurer l'ordre, la propreté et l'économie ; le choix de ces personnes sera fait par la supérieure des sœurs, et approuvé par le comité d'administration.

Art. 42. Elles tiendront aussi, dans chaque ferme, sous la direction du médecin, un dispensaire pour les indigènes, où ils pourront venir tous les jours recevoir les soulagements de leurs infirmités.

Art. 43. Une des sœurs tiendra un registre où elle inscrira toutes les dépenses, soit en nature, soit en argent, qui seront faites dans l'exercice des attributions de la communauté.

Un double de ce registre sera envoyé, chaque mois, au conseil de direction.

Art. 44. Le travail se faisant en commun, le directeur divisera les travailleurs et les travailleuses en brigades appropriées à chaque spécialité, et leur assignera leur tâche. Il nommera les chefs de brigade.

Art. 45. Il sera fait aux colons, deux fois par semaine, dans chaque ferme, un cours d'agriculture et d'économie domestique, pour les élever, sous ce rapport, au-dessus de la routine et de l'ignorance de la plupart des cultivateurs, et leur faire comprendre les immenses avantages du travail par association sur le travail particulier.

## § XIII.

### Inventaire et répartition des bénéfices.

Art. 46. A la fin de chaque année agricole, on dressera un inventaire.

Art. 47. On ouvrira un compte à part pour tout ce qui constitue le matériel du service de la ferme.

Par l'effet naturel de la production et du travail, ce matériel devra augmenter ou être perfectionné chaque année, dans des proportions qui seront appréciées par le comité d'administration et par le conseil de direction.

Dans tous les cas, on ne vendra aucune tête de bétail ni aucun cheval, avant d'avoir atteint la possibilité d'assurer le service d'au moins cinquante charrues et de vingt chariots; on ne vendra non plus aucune toison avant d'avoir assuré au moins un matelas par personne habitant la ferme; le tout, sauf autorisation de la compagnie.

Une fois le maximum atteint, il sera immobilisé comme un capital de mainmorte, inaliénable sous aucun prétexte.

Art. 48. La seconde partie de l'inventaire aura pour but de constater la production que nous appellerons l'usufruit ou le produit mobilisable.

Art. 49. On commencera par prélever sur les fonds d'usufruit les produits employés à l'entretien de la ferme et des colons, en un mot, toutes les dépenses; sur la valeur du surplus, restant après ce premier prélèvement, il sera encore déduit une somme qui ne pourra dépasser dix pour cent dudit surplus, laquelle somme sera destinée à indemniser les membres du comité d'administration de la ferme, et la communauté dont il est question art. 40. La répartition de cette somme sera faite par le conseil de direction en Afrique, sous la surveillance du conseil supérieur.

Ce qui restera après ces prélèvements faits, sera déclaré bénéfice net.

Art. 50. Du bénéfice net il sera fait deux parts.

Art. 51. L'une de ces parts est attribuée aux associés de la ferme.

Art. 52. Dans cette distribution, les journées de travail réel ne sont pas considérées comme égales. Elles diffèrent en effet, en raison du produit, de la fatigue et de la difficulté. On comptera donc telle journée pour une demi-journée, telle autre pour deux journées, etc. Ainsi, une journée de femme ne comptera que comme une demi-journée; une journée de moisson comptera pour une journée et demie ou même deux journées. Ce sera au comité d'administration, sur la proposition du fermier en chef, à fixer ces différences par un règlement.

Art. 53. La deuxième part du bénéfice net sera employée de la manière suivante : 1° Une portion sera attribuée comme dividende à la compagnie, mais elle ne pourra dépasser dix pour cent du capital fourni par la susdite compagnie, pour la fondation de la ferme;

2° Une portion, égale au quart de la précédente, sera capitalisée pour servir au rachat des actions de la compagnie, dont le montant aura été employé à la fondation de la ferme;

3° Le reste sera versé dans la caisse générale de la compagnie, pour être employé, soit à la fondation de fermes nouvelles, soit à racheter les terrains concédés en vertu de l'art. 63 ci-après, soit à toute autre espèce d'amélioration.

Art. 54. Le revenu des actions rachetées sera capitalisé, afin d'accroître le fonds d'amortissement.

Art. 55. Lorsque toutes les actions, représentant le capital de fondation de la ferme, auront été rachetées, la part afférente aux colons sera accrue de celle qui auparavant était destinée à fournir les dividendes et le rachat.

## § XIV.

### Devoirs des Colons.

Art. 56. Les colons ne devront jamais perdre de vue qu'ils poursuivent une œuvre nationale, une œuvre de civilisation, en même temps qu'un intérêt d'association, dont leurs enfants tireront plus d'avantages qu'ils n'en obtiendront eux-mêmes. Ils n'oublieront pas que leur sort est lié à la possession de l'Afrique par la France, et que, par suite, leur intérêt personnel est intimement uni à celui de leur mère-patrie. En conséquence, ils devront avoir toujours présents devant les yeux les intérêts de l'association. Ils se souviendront toujours que leur fortune personnelle dépend du succès de cette association, et que s'oublier pour elle, c'est faire pour soi-même ce qui convient le mieux.

Art. 57. Les colons devront obéir strictement au règlement du travail et à leurs chefs, en tout ce que ceux-ci leur demanderont. La discipline et l'obéissance sont un devoir, un mérite et un honneur. Les colons sont les soldats de la civilisation. La désobéissance sera punie par les peines disciplinaires.

Art 58. Les peines disciplinaires sont la corvée, l'amende et l'expulsion.

Art. 59. La corvée sera applicable par le chef des travaux et le capitaine commandant, sauf appel au conseil de discipline ou au comité d'administration.

Art. 60. L'amende et l'expulsion seront prononcées par le comité : l'amende à la simple majorité ; l'exclusion à l'unanimité, sauf appel au conseil de direction.

Art. 61. Le membre exclu perdra tout droit aux avantages qu'il n'aura pas acquis avant l'époque de sa condamnation ; il n'aura droit qu'à la somme de répartition qui lui était due en ce moment ; encore ne pourra-t-il l'exiger qu'après la clôture de l'inventaire de l'année courante.

Art. 62. L'exclusion sera prononcée pour les vices contre les mœurs, pour l'indiscipline habituelle, pour la paresse et pour l'ivrognerie.

## § XV.

### Droits et avantages des Colons.

Art. 63. Pour encourager la colonisation, la compagnie concédera en toute propriété, aux cent premiers colons qui commenceront à peupler chaque ferme, mais seulement après trois années consécutives de séjour et de travail assidu, à chacun six hectares de terre.

Ces susdits hectares seront désignés sur le terrain, non encore mis en culture, et sur les extrémités de la concession.

Art. 64. Le colon jouira de ces six hectares de terre comme d'une propriété patrimoniale, et conformément aux lois qui régissent la propriété foncière.

Art. 65. Comme les hommes qui se proposent d'être colons n'ont aucune idée des avantages de l'association, et quoiqu'il soit probable que les bénéfices revenant à chacun d'eux, même sur les trois premières années de travail, seront considérables, néanmoins la compagnie, dans le but d'encourager la colonisation, en offrant une sécurité complète, garantit aux cent premiers colons, outre les six hectares de terre, à chacun une somme de 1,200 fr., après les trois premières années d'exercice ; bien entendu que cette somme entrera en compte dans les bénéfices qui pourront leur revenir sur ces trois années.

ART. 66. Malgré ces répartitions, le colon sera toujours considéré comme faisant partie de l'association, à moins qu'il n'ait déclaré vouloir en sortir comme il sera dit art. 70.

ART. 67. L'association pourra se charger de mettre en culture les terres concédées, en vertu d'arrangements faits de gré à gré. L'association pourra de même racheter les terres concédées, comme il est spécifié par l'art. 64 du susdit règlement.

ART. 68. Les colons qui n'auront point quitté la colonie continueront à en faire partie, et à jouir de tous les avantages qu'elle présentera, même lorsque l'âge et les infirmités ne leur permettront plus de travailler. Les veuves et les orphelins seront également à la charge de la colonie.

ART. 69. Tout enfant de colon, par le seul fait de sa naissance, sera considéré comme faisant partie de l'association. Il fera d'abord un apprentissage qui durera trois ans. L'apprentissage pourra commencer à l'âge de douze ans révolus; celui-ci terminé, il gagnera un tiers de part la première année; deux tiers de part la seconde; et enfin part entière la troisième. L'éducation militaire des jeunes gens commencera également à quinze ans. Ils feront l'exercice au moins deux fois par semaine, apprendront à monter à cheval, et entreront dans les rangs de la garde nationale à l'âge de dix-huit ans commencés.

ART. 70. Les colons pourront se retirer en tout temps de l'association; seulement ils devront prévenir l'administration trois mois à l'avance, par une déclaration écrite et signée. En sortant, ils renonceront non-seulement à l'usage de toutes choses appartenant à l'association, mais encore à leurs droits à la répartition du dividende de l'année agricole commencée. Ceux des cent premiers colons qui se retireraient avant trois années révolues, perdront, en outre, leurs droits aux avantages désignés par les art. 63, 64 et 65.

## § XVI.

### Dispositions fondamentales.

Art. 71. Sauf les six cents hectares de terre, représentant la concession faite aux cent premiers colons fondateurs, et qui ne leur sera accordée qu'après trois années consécutives de travail, nulle portion de fonds ne peut être aliénée, détournée ou distribuée d'aucune manière, ni sous aucun prétexte, ni par personne. Cette portion forme la propriété de mainmorte qui est l'élément et le fondement de l'association, sans laquelle il n'y aurait plus de ferme, ni de colonie militaire. C'est le commun de l'associatiou, c'est sa terre communale. Il en sera de même des bâtiments d'exploitation et d'habitation, ainsi que du mobilier, des troupeaux, chevaux, charrues, chariots et autres instruments d'exploitation. Tout ce matériel devra être constamment entretenu de manière à permettre l'exploitation dudit commun.

## § XVII.

### Propagation et extension de la Colonisation.

Art. 72. La portion des fonds prélevés conformément au § III de l'art. 53, qui ne sera pas employé au rachat de la concession indiquée art. 63, formera un fonds destiné à la fondation de nouvelles fermes.

Art. 73. Tous les colons engagés qui ne seront pas employés dans les fermes déjà construites, et qui se trouveront dépasser le nombre nécessaire pour les compléter, seront provisoirement attachés aux fermes déjà établies ; mais ils n'auront droit, en échange de leur travail, qu'au salaire, à la nourriture et au logement.

Art. 74. Aussitôt qu'une ferme nouvelle sera construite, les colons dont il est question dans l'article précédent, y seront établis de préférence à tous autres, pour y former le noyau de la nouvelle association, et y jouir des droits et avantages précédemment décrits.

# PROJET

D'UNE

# SOCIÉTÉ FINANCIÈRE,

POUR

la Colonisation agricole, religieuse et militaire en Algérie.

# Statuts de la Société.

## § Ier.

### Désignation de la Société.

ART. 1. Il sera formé, en France, une société anonyme sous le titre de Compagnie ou Association nationale pour la colonisation agricole, religieuse et militaire, et pour la civilisation du nord de l'Afrique.

## § II.

### Objet de la Société.

ART. 2. La société aura pour objet d'obtenir du gouvernement, sur les points des possessions françaises les plus importants à occuper, la concession de vastes terrains avec exemption de l'impôt pendant dix ans. Elle y établira de grandes fermes fortifiées où elle fondera des associations agricoles, religieuses et militaires, composées chacune d'au moins cent familles, conformément au règlement ci-annexé, dans le but non-seulement de former des exploitations riches et puissantes, d'attirer en Afrique une population dévouée à la France, mais encore de mettre sous les yeux des Arabes des exemplaires parfaits de la civilisation européenne, et des modèles d'une vie morale et religieuse.

Art. 3. La compagnie fera tous les établissements d'instruction et de charité et autres propres au culte, qui seront approuvés par l'évêque d'Alger, et qu'elle jugera nécessaires dans l'intérêt de la colonisation agricole et de la civilisation chrétienne du nord de l'Afrique.

La perfection morale, fondée sur les principes de la religion, le dévouement à la France et la prospérité matérielle des colons, seront toujours le but principal de toutes les opérations de la société.

Elle s'adressera à toute la chrétienté pour avoir sa coopération la plus efficace à l'œuvre civilisatrice qu'elle entreprend.

Art. 4. La compagnie fera en sorte de fonder à Alger une maison d'orphelins et d'orphelines, tant pour les enfants d'origine arabe que pour ceux de sang européen. Lorsqu'ils auront acquis l'âge du travail et l'instruction nécessaire, elle les placera dans ses fermes en qualité de colons.

## § III.

### Siége et durée de la Société.

Art. 5. Le siége de la société est à Paris.

Art. 6. La durée de la société est fixée à quarante ans, à compter du jour de sa constitution définitive.

## § IV.

### Fonds social.

Art. 7. Le fonds social est provisoirement fixé à cinq cent mille francs, divisés en cinq mille actions de cent francs; chaque action divisible en coupons de vingt-cinq francs.

La société, en outre, accepte et encaisse toute espèce de dons qui lui seraient faits à titre gratuit.

Art. 8. La société se réserve d'augmenter successivement son capital, et de le porter jusqu'à vingt millions, en émettant de nouvelles actions dans le cas où, suivant ses espérances, le but qu'elle se propose serait couronné de succès.

Art. 9. La totalité des sommes recueillies par la société, sauf le fonds de roulement, dont il sera question plus bas, sera versée à la banque de France ou à la caisse des consignations.

Art. 10. Les actions de la société seront nominatives et non négociables pendant les quatre premières années; elles ne pourront être transférées qu'en cas de décès. Elles seront rachetables avec les bénéfices de la colonisation, comme il est dit dans le règlement ci-annexé.

## § V.

### Droits attachés aux actions.

Art. 11. Chaque action aura droit, à partir de la seconde année, 1° à un dividende proportionnel dans les bénéfices nets de la compagnie, mais qui ne pourra dépasser dix pour cent du capital mis en action ; 2° au rachat, lorsque la situation financière de la compagnie le permettra.

Art. 12. Toute part afférente d'un dividende qui n'aura pas été réclamée par l'ayant droit, dans les trois années après l'échéance, sera, par ce seul fait, acquise à la compagnie et sera employée à l'œuvre de colonisation et de civilisation.

Art. 13. En cas de décès, absence constatée, faillite ou toute autre cause d'incapacité d'un actionnaire, ses héritiers ou ayants droit pourront désigner l'un d'eux comme représentant de l'actionnaire.

En aucun cas, ils ne pourront, en raison de son intérêt social, requérir aucune apposition de scellés, ni provoquer aucun inventaire, non plus qu'aucune licitation des biens sociaux.

§ VI.

**Constitution de la Société.**

Art. 14. Aussitôt que les présents statuts et le règlement d'exécution y annexé auront reçu l'approbation du roi, la Société pourra être constituée.

Elle se déclarera constituée, aussitôt qu'elle aura réuni une somme suffisante pour ses premières opérations.

§ VII.

**Administration de la Société.**

Art. 15. L'administration de la Société se compo sera :

1° En France, d'un conseil supérieur chargé du gouvernement général de la Société, d'un régent et de comités départementaux ;

2° En Algérie, d'un conseil de direction, d'un agent ou délégué, et d'un comité d'administration de chaque ferme, dont les fonctions sont exposées dans le règlement ci-annexé.

§ VIII.

**Administration de la Société en France.**

Art. 16. *Le conseil supérieur* aura la haute administration des affaires de la Société ; il veillera à la stricte exécution des statuts et du règlement de colonisation y annexé. Il approuvera ou rejettera les comptes généraux de dépenses ; il fixera les répartitions ; déterminera les dividendes ; il décidera de l'emploi des fonds dans les limites établies par les présents statuts et par le règlement y annexé. En un mot, il arrêtera le budget des recettes et des dépenses, et en surveillera l'exécution. Enfin, il fera tous les règlements nécessaires pour la bonne organisation administrative de la Société en France ; il fixera le nombre des employés, leurs fonctions et leurs traitements.

Art. 17. Les fonctions des membres du conseil supérieur sont gratuites.

Art. 18. Le nombre des membres du conseil supérieur est illimité. Ils seront choisis parmi les personnages les plus honorables et les plus propres à aider de leurs lumières et de leur patronage l'œuvre de la colonisation.

Le conseil supérieur élira lui-même ses propres membres.

Art. 19. *Le régent* de la Société en France sera nommé par le gouvernement.

Le conseil supérieur aura le droit de le suspendre de ses fonctions et de pourvoir provisoirement à son remplacement.

Art. 20. Le régent sera l'agent exécutif et direct du conseil supérieur, il veillera à l'exécution de ses décisions. En outre, il sera chargé de toute la correspondance relative au placement et au recouvrement des actions, à l'enrôlement des colons, à leur transport en France, à leur embarquement ; il fera toutes les démarches nécessaires au bien de l'œuvre entreprise, soit auprès du gouvernement, soit auprès des particuliers.

Art. 21. Il sera formé en France, dans chaque département, un comité qui correspondra avec l'administration centrale.

Ce comité nommera dans chaque canton un correspondant qui sera chargé de remplir, à son égard, les fonctions qu'il accomplira lui-même vis-à-vis de l'administration générale.

Art. 22. Le nombre des membres de chaque comité départemental est illimité.

Art. 23. Les fonctions des membres du comité départemental et de ses correspondants cantonaux sont gratuites.

Art. 24. Les fonctions des comités départementaux sont : le placement des actions et l'encaissement des sommes versées. Les sommes recueillies seront versées dans la caisse du receveur général, ou mises de toute autre manière à la disposition de l'administration centrale.

Outre l'encaissement et le placement des actions, les comités départementaux, ainsi que leurs correspondants, seront chargés de tenir note de toutes les familles qui se présenteraient pour les colonies, de réunir sur chacune d'elles les renseignements indiqués dans le règlement ci-annexé et de transmettre le tout à l'administration centrale.

Enfin, ces comités et leurs correspondants seront chargés d'adresser aux actionnaires de leurs départements les renseignements qui leur seront envoyés sur la situation de la Société et de la colonisation.

Art. 25. L'administration centrale adressera une instruction particulière à tous ses correspondants.

## § IX.

### Administration de la Société en Afrique.

Art. 26. Le conseil de direction, en Afrique, sera chargé de faire toutes les démarches nécessaires pour l'établissement de chaque ferme nouvelle, l'installation des colons et tout ce qui concerne la meilleure colonisation possible. Il surveillera toutes les opérations des fermes ; il arrêtera leurs budgets de recettes et de dépenses ; en un mot, à lui appartient le devoir et le mérite de l'œuvre coloniale.

Art. 27. Le conseil de direction, en Afrique, sera composé de sept membres.

Art. 28. Les fonctions des membres du conseil de direction sont gratuites.

Art. 29. Le président du conseil de direction sera l'abbé Landmann ; parmi les six autres membres, un sera nommé par le gouverneur général de l'Algérie, et choisi parmi les officiers attachés à l'armée d'Afrique ;

un sera nommé par Monseigneur l'évêque d'Alger ; trois autres seront nommés par le conseil supérieur et choisis parmi les actionnaires d'Alger ; le sixième, enfin, sera un médecin, élu par le conseil lui-même.

Art. 30. L'agent ou délégué de la Société, en Afrique, sera élu par le conseil supérieur, sur la proposition du président du conseil de direction.

Art. 31. Le conseil de direction aura le droit de suspendre l'agent sus-nommé, et de pourvoir provisoirement à son remplacement.

Art. 32. L'agent ou délégué sera le ministre des décisions du conseil de direction ; il sera chargé de toute la correspondance. Il fera, tous les trois mois, au conseil supérieur, un rapport sur l'état de la colonisation, lequel sera approuvé par le conseil et signé par le président. Enfin, il signera toutes les ordonnances de dépense ; mais nulle ordonnance ne sera exécutoire qu'avec la signature du président, et aucune partie des fonds ne passera jamais entre ses mains.

Art. 33. L'agent correspondra, sous la surveillance du président et du conseil de direction, avec les comités d'administration de chaque ferme, dont les fonctions sont établies par le règlement spécial de colonisation ci-annexé.

Art. 34. Dans le cas de démission ou de décès de M. l'abbé Landmann, le comité de direction procède provisoirement à son remplacement. Le choix de son successeur appartient au conseil supérieur de la Société.

§ X.

### Dépenses de l'administration générale.

Art. 35. Les fonctions du régent, à Paris, celles de l'agent ou délégué en Algérie, et celles de leurs employés sont salariées.

De plus, tous les frais de placement des actions et de recouvrement, tous les frais de voyages et de bureau, et en général toutes les dépenses nécessitées par l'intérêt de la Société et jugées telles par le conseil supérieur, soit par le comité de direction en Afrique, sont à la charge de la Société.

§ XI.

### Garantie des fonds sociaux.

Art. 36. Les fonds de la Société resteront toujours dans la caisse de la Banque de France, dans la caisse des consignations ou dans celle des receveurs généraux, et le conseil supérieur n'en disposera qu'à proportion des besoins courants.

La somme qui sera déterminée pour le fonds de roulement à mettre à la disposition du comité de direction en Afrique, demeurera toujours à sa disposition dans la caisse du gouvernement en Algérie.

## § XII.

### Assemblée générale des actionnaires.

Art. 37. Chaque année, il sera fait un rapport sur les opérations de la Société et un inventaire général.

Ce rapport et cet inventaire, approuvés et votés par le conseil supérieur, seront lus à l'assemblée générale des actionnaires.

Art. 38. Pour avoir droit de faire partie de l'assemblée générale, il faut être souscripteur de dix actions au moins.

Les actionnaires qui ne résideront point à Paris, pourront transférer leurs pouvoirs à un délégué.

Chaque comité départemental pourra, en outre, déléguer un actionnaire qui le représentera dans cette assemblée.

Art. 39. Le conseil supérieur désignera le président de l'assemblée générale.

Art. 40. Il sera rédigé un procès-verbal de l'assemblée générale des actionnaires.

Extrait du procès-verbal, ainsi que du rapport et de l'inventaire, sera adressé à tous les comités départementaux, et, par ceux-ci, aux correspondants cantonaux.

## § XIII.

### Liquidation de la Société.

Art. 41. Dans le cas de liquidation de la Société, il y sera procédé suivant les règles ordinaires prescrites par le Code civil en matière de société.

Art. 42. Toutes contestations qui pourraient s'élever entre les associés, seraient jugées par trois arbitres nommés d'office par le Tribunal civil.

# NOTE I.

Sur les revenus de l'église de Constantine, page 17.

Ces revenus montent, d'après le bail des biens appartenant à l'église, qui a été fait l'année dernière, à 18,000 fr. On sera peut-être étonné de voir qu'une église d'Afrique ait déjà de si grands revenus. Cela provient de ce que cette église était, avant l'arrivée des Français, une mosquée, et la mosquée du bey. Or, dans tous les pays musulmans, les principales mosquées ont des revenus fort considérables, qui proviennent de legs et de donations de maisons et de terres. Lors de la transformation de cet édifice en église, le conseil municipal décida que les revenus devaient lui être conservés; mais comme il n'y avait pas encore de conseil de fabrique, ces revenus furent touchés par le payeur de l'armée, et affectés aux frais du culte au fur et à mesure des besoins. Une somme de trois à quatre mille francs a été prise l'année dernière sur ces fonds pour rebâtir presque à neuf le presbytère qui menaçait ruine. C'est encore sur ces revenus que j'ai pu faire construire une chapelle pour un groupe magnifique de Notre-Dame des Sept-Douleurs qui a figuré il y a deux ans à l'exposition à Paris, et dont sa Majesté bienfaisante la Reine des Français a fait cadeau à l'église de Constantine.

Cette chapelle, qui se trouve dans une nef collatérale de l'église, est superbe; elle est formée par quatre arceaux supportés par huit colonnes, dont quatre en marbre noir et quatre en marbre blanc; le pavé et les degrés de l'autel sont également en marbre. Les arceaux sont recouverts d'arabesques ciselés sur le plâtre par un artiste arabe très-habile dans ce genre de travail. Quand je quittai Constantine, il était encore occupé à buriner autour des arceaux l'inscription et les textes de l'Écriture sainte que voici :

Sur le premier arceau :

*Mariæ.*

(A Marie.)

Sur le second :

*Tuam ipsius animam gladius pertransibit.* Luc., II.

(Un glaive percera ton âme.)

Sur le troisième :

*Magna est velut mare contritio tua!* Jérém., *Thren.*, II.

(Ta douleur est grande comme la mer.)

Sur le quatrième :

*Non pepercisti animæ tuæ, propter angustias generis tui.*
Judith, XIII.

(Tu n'as point ménagé ton âme, à cause des angoisses de ta nation.)

M. le général de Galbois, à qui l'église de Constantine a déjà tant d'obligations, vient encore d'obtenir de l'inépuisable bonté de la Reine six chandeliers en carton pierre, et une lampe en bronze doré pour l'ornement de cette chapelle.

# NOTE II.

Sur le mouvement de l'hôpital civil et du dispensaire à Constantine, page 20.

Voici un petit résumé du rapport que j'ai présenté l'année dernière au comité de bienfaisance sur le mouvement de l'hôpital et sur le nombre des malheureux qui ont été traités gratis au dispensaire.

Depuis le mois de juillet 1839 jusqu'au même mois de 1840, le dispensaire a été visité par plus de 1,800 individus, hommes, femmes et enfants. En prenant pour terme moyen 80 visites par jour, et en ne comptant que 300 jours dans l'année, à cause des dimanches et des fêtes principales, où l'on ne recevait que les cas extrêmement graves, nous n'aurons pas moins de 24,000 visites dans le courant d'une année. Les maladies dominantes étaient, parmi les enfants, le carreau, les scrofules et la teigne; et parmi les personnes plus âgées, les maladies de la peau, les maux d'yeux, la fièvre et la dyssenterie.

L'hôpital n'a été ouvert que le 1er novembre 1839, plusieurs mois après le dispensaire. Depuis cette époque jusqu'au 30 juin inclus, il a été reçu 94 malades, dont 54 européens et 40 indigènes. Le nombre de journées qu'ils ont passées à l'hôpital est de 1,450. Presque la moitié des européens payaient 1 fr. 50 c. par jour.

## NOTE III.

Sur les colonies par association, page 67.

Outre les colonies citées dans ce paragraphe, il y a eu encore de nombreux exemples de grandes réunions de familles, où toutes les choses étaient faites par association. Telles sont, en première ligne, les fondations célèbres des missionnaires Jésuites, dans le Paraguay, dont il a déjà été question. Tels sont même les nombreux exemples fournis dans ce dernier siècle par les *Frères moraves*. Quoique privées du principe vivificateur du catholicisme, presque toutes leurs colonies ont prospéré de manière à exciter l'admiration de tous leurs voisins et de tous leurs visiteurs; les lieux les plus stériles sont devenus fertiles sous leurs mains ; ils sont parvenus à former des établissements dont on vante la moralité, l'industrie et le bien-être. Pourquoi ont-ils réussi? uniquement par la vertu puissante du principe d'association.

Les nombreuses *villa*, fondées par Charlemagne, étaient administrées par association, sous la direction du major (qui plus tard est devenu le mayeur du pays wallon, le meyer de l'Alsace, ou le maire). Ces villa ont grandement prospéré, puisqu'elles ont été l'origine d'immenses villages qui existent encore de nos jours, et de plusieurs grandes villes. Le nom de *ville* lui-même en est dérivé.

Il faut remarquer que c'est dans les villages attribués, soit à cette origine, soit à la fondation des *pagi* romains, que l'on trouve encore aujourd'hui ces vastes terres communales, qui sont la source de l'aisance des habitants, et certainement la cause de la belle et forte population qu'ils fournissent.

Enfin il existe encore en France quelques exemples de ces antiques associations. M. Dupin aîné en a cité dernièrement un. Voyez, à cet égard, le numéro 30 du *Moniteur* de 1841, 5e colonne, art. *Variétés*.

M. Dupin, il est vrai, dit en terminant que l'association n'est plus dans nos mœurs, et cela, après avoir cité un exemple parfait, plein de jeunesse, malgré sa durée, et plein d'avenir. — Quant à nous, nous ne concevons pas d'autre moyen pour terminer la guerre entre les riches et les pauvres, guerre qui ne fait que de commencer en France...

L'importance de déclarer propriété de *main-morte* (1) ou d'immobiliser le sol de la ferme, ainsi que tous les bâtiments et les moyens d'exploitation, est proportionnée à l'importance même des colonies agricoles et militaires. Supposez aliénable le sol ou le matériel nécessaire à l'exploitation, et la colonie n'existe plus.

L'importance actuelle des colonies de ce genre, dans le moment présent, et même dans vingt à quarante ans, ne peut être mise en doute et n'a pas besoin d'être discutée. Mais en sera-t-il de même dans un temps plus éloigné? Cela ne nous paraît pas douteux. En effet, si ces colonies se multiplient d'une manière suffisante, comme il y a lieu de l'espérer, si le gouvernement vient en aide, elles formeront une garnison parfaite qui dispensera de toute autre; elles seront, en outre une pépinière d'excellents soldats; de plus, elles formeront des centres d'où sortiront des essaims de colons; car il n'est pas douteux que la grande sécurité et la large aisance

(1) On appelle gens de *main-morte*, tous les corps et communautés qui ne meurent point, quoique ceux qui les composent meurent; la subrogation des personnes, qui succèdent les unes aux autres, rendent le corps de la communauté immortel.

qu'y trouveront les colons, fera que chaque famille atteindra le maximum, quant au nombre des enfants; enfin, ces colonies deviendront une source de revenus considérables et assurés pour l'État.

Quant à la création d'un terrain communal et de mainmorte, c'est une chose qui n'a rien d'inusité. Nous ne concevons point pourquoi l'on ne constitue pas une propriété communale semblable, même dans les lieux que l'on abandonne à la colonisation morcelée. A-t-on oublié que dans mille communes en Europe, et entre autres en Alsace et dans le pays wallon, le terrain communal est la ressource des pauvres, le moyen des grands travaux, la cause qu'il n'y a point de mendiants, comme on en voit dans le reste de la France, où il n'y a pas de propriété communale.

On ne trouvera, nous l'espérons, aucune difficulté à concevoir que le travail de la culture soit fait par association. C'est en effet ce qui a lieu dans toutes les grandes fermes. Il n'y aura rien ici qui diffère de ce que l'on voit dans toute exploitation où il y a un fermier et des journaliers; seulement la ferme sera plus vaste qu'une autre, et il en résultera tous les avantages attachés à la grande culture. On produira plus et à moins de frais; on ne manquera ni de fumier, ni de bras, ni de bétail; enfin on pourra employer les machines dont l'expérience a constaté l'utilité et le facile établissement.

On me demandera peut-être où l'on trouvera des colons qui voudront passer en Afrique, pour y demeurer et travailler en commun? Qu'on ne soit pas en peine. Je suis certain de trouver, dans l'Alsace seule, aux conditions faites aux colons dans le règlement, non-seulement cent familles honnêtes et laborieuses, mais mille et plus, si besoin est. La

Lorraine et la Franche-Comté, le Dauphiné et d'autres provinces ne manqueront pas d'en fournir quelques-unes.

A Lyon, un grand nombre d'artisans, forgerons, charrons, cordonniers, tailleurs, etc., sont prêts à s'y joindre au premier signal. L'île de Minorque a déjà envoyé plus de six mille de ses habitants en Algérie. Eh bien! quand j'y passai, je pris des informations à ce sujet, et on m'assura qu'on y en trouverait encore au moins autant prêts à partir tout de suite, pour peu qu'on leur fît quelques conditions avantageuses. Malte en a déjà fourni un bon nombre, et en fournira encore bien plus, dès qu'on le voudra. Malheureusement pour leur réputation, les premiers d'entre eux qui vinrent, furent des gens tarés, obligés de quitter leur pays : voleurs à Malte, ils le furent encore à Alger. Mais le plus grand nombre se distingue maintenant par son amour du travail, sa sobriété, qui ne le cède pas à celle des Arabes, par ses connaissances des cultures du pays, et surtout par le grand attachement qu'ils ont les uns pour les autres; ils s'appellent tous frères entre eux. J'en ai placé quatre dans ma campagne à une lieue de Constantine, et je n'ai pas eu lieu de m'en plaindre.

---

## NOTE IV.

**Sur les fièvres intermittentes et leurs causes en Afrique, page 76.**

Je crois nécessaire, à propos de la question de salubrité, d'ajouter quelques observations, qui m'ont été communiquées, et qui seront particulièrement destinées à éclairer les personnes étrangères aux sciences médicales, sur les causes d'insalubrité que toute œuvre de colonisation doit rencontrer, en quelque pays qu'elle soit entreprise.

Les maladies qui menacent les colons sont des fièvres intermittentes. Elles revêtent toujours plus ou moins le caractère que l'on désigne sous le nom de pernicieux, surtout dans les pays chauds.

Les fièvres intermittentes sont le résultat d'un véritable empoisonnement causé par l'absorption des miasmes particuliers qui s'échappent des détritus de végétaux tenus en dissolution dans l'eau.

Ces miasmes sont à craindre, non-seulement au voisinage des marais, ou de toute eau stagnante ou demi-stagnante, si peu étendue qu'elle soit, mais encore ils s'échappent des prairies humides, et de tout sol couvert de végétation qu'on remue pour la première fois, surtout lorsqu'il a été détrempé par la pluie. Ils sont à craindre dans tous les défrichements, surtout dans ceux des forêts. Ainsi, même dans l'Amérique du Nord, les nouveaux établissements ne sont pas à l'abri des fièvres intermittentes.

Il faut dire que ces fièvres ne sont point toujours des maladies très-redoutables, si elles sont soignées convenablement et prises à temps. Nous nous souvenons d'avoir vu une statistique de l'hôpital de Casenza (pays de Naples), ville située dans le voisinage de vallées marécageuses; sur plus de 5,000 malades, il n'y avait qu'une quinzaine de morts. Mais, pour pouvoir compter sur des résultats aussi avantageux, il faut être assuré que les soins médicaux les plus prompts et les plus précis seront immédiatement donnés. La fièvre intermittente offre, sur toutes les maladies, ce caractère remarquable que le moyen curatif ne peut être administré indifféremment dans tous les moments; il doit être donné dans la rémission;

c'est alors seulement qu'il est certainement efficace, et le plus efficace des médicaments; par suite, il faut que chaque malade soit observé et suivi avec une attention particulière. Un médecin, auquel serait confié un trop grand nombre de fiévreux, ou qui aurait un nombre insuffisant d'aides intelligents et attentifs, verrait périr presque tous ses malades dans une affection, où l'on possède cependant un médicament héroïque et en quelque sorte certain. C'est, en effet, à l'insuffisance du personnel du service de santé que l'on doit attribuer la grande mortalité que l'on remarque parmi les malades de l'armée d'Afrique.

Diverses circonstances, les unes constitutionnelles, les autres hygiéniques, éloignent le danger de la fièvre.

D'abord, il est d'observation qu'un tempérament robuste, l'âge viril et une alimentation tonique et vigoureuse, sont de puissants préservatifs. Là, où les individus qui jouissent de ces avantages se portent bien, on voit ceux qui en sont privés atteints de la maladie.

C'est particulièrement la nuit ou pendant le sommeil que les miasmes sont redoutables. Il arrive donc que les personnes qui, la nuit, habitent des lieux qui en sont à l'abri, n'en éprouvent point les effets; les personnes qui habitent des appartements bien clos, qu'on a eu soin de fermer au coucher du soleil, ou dont on a purifié l'atmosphère, courent infiniment moins de dangers que celles qui seraient moins heureusement placées. Enfin, les miasmes ne s'élèvent guère à une hauteur de plus de 15 ou 20 mètres, à moins que le vent ne les pousse; de là il résulte que les individus qui habitent les hauteurs sont très-peu exposés.

Nous pourrions ajouter beaucoup de considérations à celles qui précèdent; mais cette note est déjà trop longue, et, telle qu'elle est, elle nous semble suffire pour les indications que nous nous sommes proposé de donner. La maladie d'Afrique est la fièvre intermittente ou rémittente continue qu'on observe en Italie; seulement elle est moins grave en Algérie qu'elle ne l'est en beaucoup de lieux d'Italie, et particulièrement à Rome.

---

## NOTE V.

Sur les prix des objets du chap. VIII.

J'ai cherché autant que possible à atteindre le chiffre réel des objets nécessaires pour la fondation de la ferme; cependant, très-souvent j'ai préféré poser plus que moins, comme on aura pu s'en convaincre; ainsi, pour ne parler que de quelques articles importants, j'ai mis 200 fr. pour une paire de bœufs, 75 fr. pour une vache, 200 fr. pour un cheval, 10 fr. pour une brebis, tandis qu'on vend tous les jours, dans la province de Constantine, la paire de bœufs 150 fr., une vache 50 à 60 fr., un cheval de trois ans, de 100 à 150 fr., une brebis 8 fr.; ainsi encore, j'ai porté le kilog. de viande à 50 cent., tandis qu'on l'a également, à Constantine, à 50 cent.; il est vrai, ces objets sont maintenant beaucoup plus chers dans la province d'Alger, à cause de la guerre; mais, avant la guerre, ils avaient le même prix que dans la province de Constantine, et il n'y a pas de doute que ce prix ne revienne avec la paix. Si donc nous plaçons nos fermes dans la province de Constantine, il n'y a pas la moindre objection à faire sous ce rapport, mais si nous nous plaçons dans la province d'Alger, et que nous y soyons encore en guerre, comment ferons-nous? Au lieu de compléter tout de suite le nombre fixé pour les troupeaux, on ne le complétera que dans le courant des trois premières années; au lieu de manger 100 kilog. de viande quatre fois par semaine, on n'en mangera qu'une fois ou deux. La plupart des colons ne mangent pas chez eux de la viande toutes les semaines une fois; ainsi, ils seraient encore mieux nourris qu'ils ne l'auraient été chez eux. Avec la facilité qu'on a d'élever la volaille en Afrique, nous pourrons, dès la seconde année, donner tous les dimanches, à chaque famille, *une poule au riz.* Quant au prix du café, du sucre, des pommes de terre, du sel, etc., etc., j'ai indiqué celui auquel ces objets se vendent encore maintenant *en détail.*

J'ai porté 5,400 fr. pour l'entretien des troupeaux pendant les six premiers mois, je pense que cette somme est bien suffisante. Les Arabes, quelque nombreux que soient leurs troupeaux, ne font jamais la moindre provision de foin; ils ne connaissent point l'usage de la faux; pendant toute l'année, leurs troupeaux se nourrissent en pleine campagne, et ils trouvent presque toujours et partout d'abondants pâturages, excepté pendant les grandes chaleurs, du 15 juillet au 15 octobre. Les chevaux et les mulets ne reçoivent de l'orge que quand ils sont employés à des travaux pénibles, ou quand ils sont en voyage. Comme nos colons sauront manier la faux, nous aurons soin de faire de bonnes récoltes de foin, et nous cultiverons en outre, et sur une grande échelle, les sainfoins, les luzernes, les turneps, les carottes, les navets, en un mot, tout ce qui nous facilitera l'entretien de nombreux troupeaux, base assurée de la plus grande prospérité agricole.

## NOTE VI.

Sur la fabrication du pain au chap. X.

Ce prélèvement fait sur les récoltes pour la nourriture des hommes et des bestiaux, donne 109,600 kilog. de farine et 29,500 kilog. de son. Si nous y ajoutons 20 pour 100 de fécule de pommes de terre, nous aurons plus de 150,000 kilog. de matière farineuse, qui donneront au moins 160,000 kilog. de pain pour l'année, et plus de 400 kilog. par jour.

On sera peut-être étonné que je fasse entrer la farine d'orge et la fécule de pommes de terre dans le pain de la colonie? Je le fais pour deux bonnes raisons : d'abord et principalement parce que le pain, ainsi composé de ces différentes farines, sans cesser d'être très-beau et très-bon, n'est pas aussi échauffant que s'il était fait de farine de blé seul. C'est là une excellente qualité pour l'état sanitaire des colons en Afrique. Aussi, la farine d'orge forme une grande partie de la nourriture des indigènes pendant la saison des grandes chaleurs ; et c'est à ce régime qu'ils attribuent la rareté de la dyssenterie parmi eux, tandis qu'elle exerce tant de ravages parmi nos soldats.

Une autre raison, c'est celle de l'économie. En effet, dans la supposition que le prix de 100 kilog. de farine de froment fût de 54 fr. 21 cent., le prix de 100 kilog. d'orge de 24 fr., et le prix de 100 kilog. de fécule de 50 fr. 48 cent., le pain où la farine de froment entrerait dans la proportion de 40 pour 100, la farine-fleur d'orge dans la même proportion, et la fécule de pommes de terre dans celle de 20 pour 100 ; ce pain, dis-je, nous reviendrait à 22 cent. le kilog. ; mais le prix de nos farines sera moindre que celui que nous venons de supposer, et au lieu de fécule nous pourrons faire entrer la pomme de terre entière dans le pain, comme on le fait avec succès dans beaucoup de cantons de la France, de la Suisse et de l'Allemagne. La raison pour laquelle cet usage n'a pas été généralement adopté, c'est l'embarras qu'il y a à laver, faire cuire, écraser, tamiser une grande masse de pommes de terre dans un ménage où il ne reste que très-peu de bras disponibles; mais dans une grande ferme, où il y a des centaines de bras, de femmes et d'enfants, cet inconvénient sera bien moindre. Je pense que, par cette combinaison, et d'après les calculs établis sur le prix ordinaire des grains en Afrique, le kilog. de pain nous reviendra à peine à 15 cent. C'est justement la moitié de ce que j'ai porté en compte comme prix du kilog. de pain pendant la première année.

Le son de l'orge, provenant d'un premier blutage, est encore très-riche en farine, et a certainement encore, pour la nourriture des animaux, une valeur supérieure à celle de l'avoine, à poids égal.

On peut voir, à ce sujet, un article très-instructif intitulé: *De la fabrication du pain dans les ménages*, par M. de Dombasle, directeur de Roville, et inséré dans *le Cultivateur*, mois de février 1841.

---

## NOTE VII.

**Sur la quantité de terrain mis en culture chap. X.**

En citant Schaw pour la quantité de terrain cultivé par jour en Afrique par une paire de bœufs, je m'étais rapporté à une citation qui en avait été faite dans un ouvrage; mais j'ai été bien agréablement surpris, en lisant depuis Schaw lui-même, de voir qu'il disait que c'était généralement deux acres anglais qu'une paire de bœufs cultivait par jour, et non un acre, comme la citation le prétendait. Ceci augmenterait nos cultures, et par conséquent aussi nos revenus du double, en supposant cependant toujours le minimum des produits, c'est-à-dire, dix pour un pour le blé, et douze pour un pour l'orge. La quantité de terrain mis en culture, par jour, dépend sans doute de sa qualité; ainsi on pourra retourner, en un jour, deux acres de terre légère, tandis qu'il faudra bien deux jours pour la même quantité de terre forte et compacte. J'ai consulté là-dessus quelques personnes qui s'entendent fort bien en agriculture; elles m'ont assuré qu'en France, aussi, une paire de bœufs pouvait cultiver deux acres anglais par jour, et quelquefois même un hectare, et qu'en général on pouvait compter, pour une paire, vingt hectares par an.

---

## NOTE VIII.

**Sur l'importation des produits étrangers, pag. 91.**

La France a tiré de l'étranger :

| | | En 1853. | En 1856. |
|---|---|---|---|
| Soie, | pour | 54,791,847 fr. | 41,526,267 fr. |
| Huile, | — | 28,217,002 | 27,150,758 |
| Blé, | — | 87,955.415 | |
| Coton, | — | 68,558,599 | 76,812,765 |
| Tabac, | — | 8,916,847 | 7,096,921 |
| Cire, | — | 774,978 | 911,554 |
| Chevaux, | — | | 5,454,580 |

Ce sont les productions de l'Afrique.

# APPENDICE.

# EXTRAITS

## D'AUTEURS ANCIENS ET MODERNES

# SUR LE NORD DE L'AFRIQUE,

Sous le rapport agricole, commercial, moral et politique.

Le célèbre géographe grec Strabon, qui écrivait quelques années avant Jésus-Christ, dit, en parlant de l'Afrique, Géographie, t. V, liv. XVII :

Tout le pays situé entre *Carthage* et les *Colonnes* est fort beau et fertile ; mais on y trouve des bêtes féroces, comme dans toute l'Afrique intérieure.

Selon toute apparence, telle est la cause qui a longtemps empêché quelques-uns de ces peuples de se livrer à l'agriculture ; et de là, on leur a donné le nom de *Nomades*. Aujourd'hui, devenus singulièrement adroits à la chasse, et de plus, aidés des Romains, ils ne sont pas moins habiles à détruire les animaux, qu'à maîtriser la terre...

On convient généralement que la Maurusie (Mauritanie), sauf une petite partie déserte, est un pays riche et fertile, bien arrosé de rivières et baigné de lacs. Cette contrée, *abondante en toute chose*, produit surtout une grande quantité d'arbres, d'une dimension extraordinaire : aussi fournit-elle aux Romains ces larges tables d'une seule pièce dont les veines présentent des accidents si variés... Toutes les herbes y sont hautes...

Les Maurusiens, quoique habitants d'un *pays aussi favorisé de la nature dans sa plus grande partie*, n'en ont pas moins, pour la plupart, continué jusqu'à présent de mener la vie nomade. Ils ont de petits chevaux d'une vitesse extraordinaire, mais si doux, qu'ils n'ont besoin que d'une baguette pour les gouverner...

Après la Mauritanie, on rencontre le pays des Massaisyliens. Le long de la côte on trouve plusieurs villes et fleuves, et, en général, la situation du pays est fort avantageuse. Dans le cœur du pays on ne trouve que montagnes et que déserts, entre lesquels s'étendent par-ci par-là les terres possédées par les Gétules, même jusqu'aux Syrtes : mais du côté de la mer, on voit des campagnes fertiles, beaucoup de villes, des rivières et des lacs.

Les cantons les plus voisins de la Mauritanie étaient d'un meilleur revenu et de plus de ressource ; mais ceux qui confinaient au territoire de Carthage et au pays des Massaisyliens, étaient plus florissants et mieux cultivés, quoiqu'ils eussent beaucoup souffert, d'abord par la guerre de Carthage et ensuite par celle de Jugurtha.

*Cirta*, résidence de Massinissa et de ses successeurs, est située fort avant dans les terres. Cette ville a été fort bien fortifiée et abondamment pourvue de toutes choses, principalement par *Micipsa*, qui y fit même venir une colonie de *Grecs*, et la rendit si puissante qu'elle put *mettre* sur pied dix mille chevaux et vingt mille fantassins....

C'est Massinissa, qui, en civilisant les Numides, leur avait donné le goût de l'agriculture, et qui, de brigands qu'ils étaient, en avait fait des soldats. Ces peuples avaient offert jusqu'alors quelque chose de singulier : habitants d'un *pays excellent sous tous les rapports*, mais infestés de reptiles, les Numides, au lieu de détruire ces animaux, afin de pouvoir cultiver la terre sans crainte, leur abandonnaient le pays, et tournaient leurs armes les uns contre les autres; ce qui les forçait de mener une vie errante et de changer continuellement de demeure, comme les peuples qui y sont contraints par la stérilité de leur pays ou par l'âpreté de leur climat : en sorte que le nom de nomades qu'on donne aux Massaisyliens devait paraître convenable à leur genre de vie ; ils étaient, en effet, réduit à une vie misérable et précaire, et à se nourrir principalement de riz, de viande, de lait et de fromage...

La Gétulie est séparée de notre côte par de vastes plaines, de hautes montagnes, de grands lacs, et des fleuves dont il y en a quelques-uns qui se perdent dans les sables. Ces peuples mènent une vie fort frugale et éloignée de tout faste. La polygamie est en vogue chez eux, et ils ont d'ordinaire beaucoup d'enfants : au reste, ils ressemblent assez aux peuples nomades de l'Arabie. Leurs rois s'appliquent à avoir de beaux haras ; et, après une exacte recherche, on compte qu'il naît tous les ans une centaine de milliers de poulains.....

Plus de quatre cents ans avant Strabon, Scylax s'exprimait ainsi, en parlant des peuples africains qui habitaient les bords de la Méditerranée :

Tous ces peuples sont appelés *Lybiens,* et, malgré leur teint jaunâtre, ils sont naturellement fort beaux. Le pays qu'ils habitent est excellent et fertile ; de là vient qu'ils nourrissent beaucoup de nombreux troupeaux. Quant à leurs personnes, ils ont fort bon air et sont très-riches.

Salluste, qui a été, pendant plusieurs années, proconsul en Afrique, où il a ramassé une immense fortune, décrit ainsi ce pays dans son histoire de la guerre de Jugurtha :

Ses mers sont orageuses et sans ports ; le sol fertile en grains, bon pour les troupeaux, peu fécond en arbres ; le ciel et la terre sans eaux ; les hommes sains, agiles, résistant à la fatigue. La plupart arrivent à une extrême vieillesse, à moins que le fer, ou les bêtes féroces n'abrégent leurs jours. Car les maladies mortelles y sont aussi rares, que les animaux malfaisants de toute espèce y sont multipliés.

Il paraît qu'il y avait surtout une quantité prodigieuse de lions, puisqu'au rapport de Pline l'ancien, liv. VIII, chap. 16, Scylla, pendant sa questure, en avait fait venir et en avait fait voir cent à la fois qui avaient tous de larges crinières. Après lui, le grand Pompée en fit venir six cents dans le cirque, dont il y en avait trois cent quinze mâles ; César, pendant sa dictature, en exposa quatre cents en spectacle, et l'empereur Auguste quatre cent vingt. Aujourd'hui ces animaux, ainsi que les grands reptiles, sont très-rares, ce qu'il faut attribuer aux incendies périodiques des bois dont nous avons parlé au chap. IX, et à l'invention des armes à feu.

Voici ce que Salluste dit, dans le même ouvrage de la fondation des colonies phéniciennes sur ces côtes :

Dans la suite, les Phéniciens, les uns pour soulager leur patrie d'une surcharge de population, les autres par des vues ambitieuses, s'étant associé, dans le peuple, tous ceux que leur caractère précipite dans les nouvelles entreprises, allèrent fonder différentes villes sur la côte maritime : Hippone, Adrumète, Leptis et beaucoup d'autres, sans parler de Carthage. *Ces colonies, ayant prospéré en peu de temps, furent les unes une ressource, les autres une décoration pour la métropole.*

Extraits de Pomponius Méla, chap. IV, V :

L'Afrique est très-fertile [1] partout où elle est habitée ; mais elle n'est pas à beaucoup près si peuplée que son étendue paraît le promettre. La région, qu'on appelle la Mauritanie, est fort peu connue, et n'a presque rien de remarquable ; on n'y trouve que de petits bourgs : les rivières qui l'arrosent sont peu considérables ; le terroir vaut mieux que les gens qui

(1) *Eximiè fertilis.*

l'occupent ; et, en un mot, la paresse de ses habitants l'empêche d'avoir quelque réputation.

Ensuite vient la Numidie, située le long des bords du fleuve Ampraga : elle est plus petite que la Mauritanie, mais elle est mieux cultivée et plus riche. Ses villes les plus considérables sont Cirta, bâtie fort en avant dans la terre ferme, et occupée à présent par une colonie de Sittianes (1).

Pline l'Ancien, liv. XVIII, chap. X :

Il n'y a rien de plus fertile que le froment : c'est une qualité que la nature lui a donnée, parce qu'il sert plus que toute autre chose à la nourriture des hommes ; car pourvu que le terrain y soit propre, comme, par exemple, les campagnes de Byzacium en Afrique, une seule mesure en rend cent cinquante. Le procurateur de l'empereur Auguste envoya de là à ce prince un peu moins de quatre cents tuyaux provenus d'un seul grain ; et quoique la chose paraisse incroyable, les lettres écrites à ce sujet existent encore. Le même officier envoya pareillement à Néron trois cent quarante tuyaux sortis d'un même grain.

Salvien, prêtre de Marseille, qui écrivait dans le courant du cinquième siècle, dit, dans son ouvrage sur la providence de Dieu, lib. VII :

On peut appliquer à l'Afrique ces paroles que Dieu faisait adresser par Ézéchiel au roi de Tyr : *Vous étiez comme une couronne de délices dans le paradis ; vous étiez couverte de toutes sortes de pierres précieuses. Vous aviez rempli*

(1) Ce sont les Grecs dont parle Strabon.

*vos trésors d'or et d'argent, et vos magasins étaient pleins de toutes sortes de marchandises* (1). En effet, était-il une province plus riche et plus abondante, plus florissante par le commerce que l'Afrique? Telles étaient les richesses de cette province, qu'on eût dit qu'on y avait rassemblé les trésors de tout l'univers. Mais voyons ce qu'ajoute le prophète : *Votre splendeur a enflé votre cœur de vanité, et à cause du grand nombre de vos péchés, je vous ai renversés par terre.* Cela convient encore aux peuples d'Afrique, et l'on peut dire que Dieu les a renversés par terre, lorsqu'il leur a ôté cette puissance et cette richesse dont l'éclat les élevait en quelque sorte jusqu'au ciel. *Je ferai sortir du milieu de vous*, continue Ézéchiel, *un feu qui vous dévorera.* Cette circonstance se vérifie encore : le feu sorti des iniquités de ce peuple, a interrompu le cours de sa félicité. Le prophète continue : *Parmi les nations, tous ceux qui vous ont connus seront dans la douleur en voyant votre calamité.* Il finit en disant : *Votre ruine est entière, et vous ne subsisterez plus à l'avenir.*

Ces paroles sont effrayantes de vérité, quand on pense qu'au moment où Salvien écrivait, ces peuples subsistaient encore; que, plus tard, ils se relevèrent même, pendant quelque temps, sous Bélisaire; mais l'arrêt terrible était porté : Vous ne subsisterez plus, et jamais arrêt ne fut plus parfaitement accompli.

Saint Isidore de Séville, qui mourut l'an 630, dit :

Le pays qui vient après Tripolis et qui a plus de deux cents

(1) Ezéch., XVII.

milles d'étendue, est rempli d'oliviers, et le terrain en est si excellent et si fertile, que tout ce que l'on sème rend presque au centuple.

Parmi les écrivains modernes qui ont parlé de la fertilité de l'Afrique, je n'en citerai qu'un ; c'est M. Desfontaines, auteur de la Flore atlantique, qui, il y a près de soixante ans, a parcouru et étudié le pays pendant plusieurs années.

« Le sol d'Alger, qui est composé presque partout d'une terre argileuse mêlée de sables et de débris de végétaux, est en général plus fécond que celui de Tunis. Les montagnes y sont plus élevées, et les pluies y tombent en plus grande abondance. Les plus riches cantons de ce royaume sont : les environs de Constantine, de Bone, les plaines de la Mitije auprès d'Alger ; celles de Mayana à vingt-cinq lieues au sud-est de cette ville, de Habra, de Mascar, de Tremessen, près le royaume de Fez. Ce superbe pays est entrecoupé d'une multitude de ruisseaux qui descendent de l'Atlas ; les plantes s'y renouvellent sans cesse dans toutes les saisons de l'année, et l'on y récolte les plus belles moissons de toute la Barbarie.

« On jouit en Barbarie d'un très-beau climat, particulièrement le long de la côte ; il y gèle rarement, même au plus fort de l'hiver, et le thermomètre de Réaumur se soutient ordinairement dans cette saison à 8 ou 10 degrés au-dessus de zéro.....

« Les pluies qui commencent à tomber vers la fin d'octobre, continuent, par intervalles, jusqu'aux premiers jours de mai.....

« Lorsque le ciel est bien pur, et que les vents sont au sud, on jouit pendant l'hiver, sur la côte de Barbarie, d'une température presque aussi douce que dans nos beaux jours de mai. Dès le mois de janvier, la terre se couvre de verdure, les amandiers, les pêchers et les abricotiers fleurissent, et dans le courant de mars, tous les arbres se parent d'un nouveau feuillage. Les pluies cessent au commencement de mai, et le ciel est toujours pur jusqu'au retour de l'hiver. Les grandes chaleurs ne commencent à se faire sentir que dans le mois de juin, et elles continuent jusqu'à la fin de septembre.

« Le sol est si fertile sur les côtes d'Afrique, que, sans y mettre jamais d'engrais, il produit de très-belles moissons. A la vérité, le nombre des habitants étant peu considérable relativement à l'étendue du pays, on est dans l'usage de laisser reposer les terres pendant plusieurs années. La grande quantité de sel marin qui s'y trouve mêlée en beaucoup d'endroits, ne serait-elle point aussi une des causes principales de la grande fécondité de ces contrées? Les bonnes terres rendent souvent depuis douze jusqu'à vingt pour un, et l'on m'a assuré que dans quelques cantons elles donnaient jusqu'à cinquante et plus...

« Les produits du blé sont fort différents de ceux d'Europe, et ne sont pas même tout à fait semblables dans tous les cantons de la Barbarie. Quatre-vingts livres de bon blé des environs de Constantine, que j'ai fait moudre, ont donné soixante et dix livres de semoule, quatre de farine et six de son; trente livres de semoule ont produit environ quarante livres de très-bon pain blanc.....

« Les autres blés cultivés sur les côtes de Barbarie, tels que le maïs, le sorgho, le dreu ou millet à chandelles, se sèment dans le mois d'avril, de la même manière que le froment et l'orge, c'est-à-dire en jetant la semence sur la surface de la terre et en la recouvrant ensuite avec la charrue.....

« Le dattier, qui est d'une si grande ressource sur les côtes d'Afrique, croît presque indistinctement partout, mais on ne le cultive avec soin qu'au delà de l'Atlas, parce que les chaleurs ne sont pas assez fortes le long de la côte pour en mûrir le fruit.....

« L'olivier tient le second rang parmi les arbres utiles que l'on cultive en Barbarie. Il est une des plus grandes sources de richesse dans le royaume de Tunis. J'en ai vu de superbes plantations le long des bords de la mer, depuis Bizerte jusqu'aux environs de la petite Syrte, dans une étendue de près de cent lieues en longueur. Ces arbres, qui sont beaucoup plus grands en Afrique que dans nos provinces méridionales, produisent chaque année d'abondantes récoltes d'olives. L'huile qu'on en retire est d'une qualité bien inférieure à celle de Provence, sans doute parce qu'ils ignorent l'art de la perfectionner. On en fait un commerce considérable avec les pays étrangers. Les négociants français en envoient tous les ans plusieurs chargements pour les manufactures de savons à Marseille. On en embarque aussi beaucoup pour Livourne, Candie et autres lieux. L'huile la plus estimée de toute la Barbarie est celle de Souse, de Hammamet et d'Africa. Les Maures fabriquent des savons d'une consistance molle qui conservent la couleur verte de l'olive...

« La culture de l'olivier est fort négligée à Alger; on en voit néanmoins de belles plantations aux environs de Bone, de Bougie, de Bélide et de Tremessen.

« La plupart des montagnes du petit Atlas sont couvertes d'oliviers sauvages; j'en ai vu de très-beaux en plusieurs endroits qui produisent d'excellentes olives que les gens du pays préfèrent même aux fruits des oliviers cultivés. Ces arbres fleurissent en mai, et on en recueille les fruits vers le commencement de l'hiver. Les Maures ont soin de bien labourer la terre au pied des oliviers et de les arroser souvent dans le printemps. L'arrosage leur donne plus de vigueur et les dispose à porter de plus beaux fruits. C'est presque à cela que se bornent les soins qu'ils prennent de leur culture...

« Le *nicotiana tabacum* et le *nicotiana rustica* sont cultivés sur les côtes d'Afrique. La seconde espèce est la plus commune et la plus estimée; on sème le tabac vers le mois d'avril dans les terres grasses et humides; il s'en fait une grande consommation dans toute l'étendue du pays. La canne à sucre réussit très-bien à Alger et à Tunis, mais elle n'y est qu'un objet de curiosité; on ne cherche point à la multiplier, et on ignore entièrement les moyens d'en extraire le sucre...

« Les légumes, excepté le melouchier (*corchorus olitorius*) et le gombaut (*hibiscus esculentus*), sont les mêmes en Barbarie qu'en Europe. On mange les feuilles du premier, bouillies et apprêtées à peu près comme nos épinards; les fruits du gombaut, quoique d'un goût fade, se mangent assaisonnés avec les viandes. Les Maures sèment en novembre et en décembre beaucoup de pois chiches, de lentilles et de fèves. Les négociants chrétiens en achètent tous les ans de grandes provisions, qu'ils envoient à Marseille et sur les côtes d'Italie...

« La Barbarie produit en outre un grand nombre de fruits particuliers aux climats chauds, de grenades, d'oranges, de limons aigres et doux, de figues, de jujubes, de pistaches, de raisins, de pastèques et d'excellents melons. Les oranges d'Alger le disputent à celles de Candie et de Malte. A Tunis, elles sont d'une qualité inférieure.

« Les melons et les pastèques croissent presque sans culture dans les terres sablonneuses : ces fruits offrent un grand nombre de variétés et sont infiniment meilleurs que ceux que l'on cultive en Europe avec beaucoup plus de soins.

« Les vignes viennent très-bien le long des bords de la mer, sur les coteaux sablonneux et exposés à l'ardeur du soleil ; elles produisent de très-bons raisins. L'espèce la plus commune est le muscat blanc ; on n'en retire point de vin, l'usage de cette liqueur est défendu par la religion et par les lois ; mais on en sèche tous les ans une grande quantité dont on fait commerce au dehors et dans l'intérieur du pays.

« Quelques-uns de nos arbres fruitiers, tels que les pommiers et les poiriers qui ont été transportés en Afrique, y ont dégénéré, ce qui vient sans doute du peu de soin que l'on prend de les greffer et de les cultiver convenablement.

« Les Maures qui habitent les villes aiment beaucoup les fleurs ; leurs jardins, plantés de myrtes, de lentisques, de jasmins, de grenadiers, d'orangers, de hennés, offrent un mélange qui plaît par son irrégularité même. Les eaux qui y sont conduites et distribuées avec art, y font naître beaucoup de tapis de verdure sur lesquels ils vont respirer le frais pendant les fortes chaleurs de l'été. Dans le printemps, les orangers fleuris répandent une odeur délicieuse. Le rouge éclatant des grenades et les couleurs variées des fleurs font le plus beau contraste avec le vert foncé des lentisques, des orangers et des myrtes. Une multitude d'oiseaux, attirés par la fraîcheur de ces ombrages, les embellissent encore par la diversité de leur plumage et les animent par leurs chants. »

DESFONTAINES, *Observations sur les plantes économiques qui croissent dans les royaumes de Tunis et d'Alger*. — Annales des Voyages, IIe série, t. XVII, p. 324-333.

Voici, sur l'importance coloniale de l'Algérie, le témoignage d'un homme, qui était bien capable d'en porter un bon jugement, puisque, après avoir vu les plus belles contrées de l'ancien et du nouveau continent, il a été pendant longtemps consul général dans l'ancienne régence. Son livre a paru à Boston, en Amérique, en 1826, époque où la France était loin de songer à la conquête de l'Algérie.

« En principe général, il peut être intéressant de chercher à connaître quelle pourra être la destinée de ce beau pays, placé si près du centre de la civilisation, renfermant dans son sein *les moyens de nourrir une population nombreuse;* un climat qui ne le cède en fertilité à aucun autre; et, enfin, *les éléments d'une puissance qui ne peut être surpassée par aucun État d'une même étendue géographique.*

« Si cette partie de l'Afrique était *la propriété d'un peuple actif et civilisé, elle pourrait, même dans la génération présente, aspirer à la plus grande prospérité,* et à la gloire de civiliser ce vaste continent, dont les habitants sont encore plongés dans les ténèbres de la barbarie.

« La position d'Alger paraît être le seul point que l'on devrait choisir pour arriver à un but aussi important. Nous nous sommes livré à des réflexions assez étendues dans les pages qui précèdent, pour démontrer que le gouvernement algérien, tel qu'il existe aujourd'hui, n'est nullement susceptible de perfectionnement, et que le caractère barbare et l'ignorance des Turcs ne permettent pas d'espérer la moindre amélioration. Ce gouvernement absurde périra le jour où on le forcera tout à fait de renoncer à la piraterie ; et, suivant le cours des événements, cette époque n'est pas bien éloignée.

« Alors, l'état d'abaissement des naturels et l'absence complète d'instruction politique seraient cause que ce peuple se partagerait en plusieurs tribus indépendantes ; la guerre naîtrait de petites jalousies locales, et toute espèce d'esprit de perfectionnement périrait par suite du caractère naturellement inconstant et féroce des habitants, qui rentreraient dans l'état sauvage et feraient un désert de ce beau pays.

« Mon but n'est nullement de combattre les raisons politiques, s'il en existe réellement, qui semblent s'opposer à l'occupation de cette contrée par un État européen, surtout lorsque, dans sa sagesse, la sainte-alliance a jugé convenable de faire descendre l'Espagne jusqu'à n'être, sous le rapport politique, que l'égale de l'empire de Maroc... Il me paraît aussi inutile de discuter la question des colonies comme principe général. Leur inutilité positive pour les États qui les fondent, en prenant pour règle le système de colonisation des temps modernes, a été, je le crois, pleinement démontré aux nations de l'Europe. Les États-Unis, par une communauté toujours si puissante de langage, de mœurs et de lois, quoique séparés de l'Angleterre, ont été pour elle et sont encore une source d'avantages bien supérieurs à ceux qu'ils lui procuraient, n'étant encore qu'une simple colonie dépendante.

« Il reste encore à faire des tentatives, d'après les principes suivis par les anciens, et, autant que peut le prévoir la raison humaine, aidée de l'expérience, il semble qu'on serait en droit de promettre les plus grands succès à une pareille tentative, si le choix local était judicieux, et si les premières années de la colonie naissante étaient protégées par tous les moyens capables d'assurer son existence et sa prospérité...

« Il n'est pas donné à la prévision de l'homme de calculer les avantages immenses que retirerait le genre humain de l'établissement d'une colonie anglaise dans la Numidie, si cette colonie recevait les institutions de sa métropole, et une organisation qui lui laissât le privilége d'une certaine indépendance, sans autres obligations à remplir que celles qui résulteraient d'une affection naturelle, du souvenir d'anciens bienfaits, et d'une communauté d'intérêts. Telles étaient Syracuse et Carthage à l'égard de leur métropole; tels, de nos jours, sont les nouveaux États de la confédération américaine, et telle deviendrait l'Irlande, si le gouvernement anglais adoptait un système de politique mieux entendu à son égard.

« Outre les grands avantages qu'offre la régence d'Alger, comme les diverses parties des côtes occidentales de l'Afrique, pour former des plantations, elle peut se prêter aux développements d'un grand empire. En effet, cette partie de la Barbarie fournirait plus de blé, de vin, d'huile, de soie, de laine, de bestiaux que toute autre contrée; on verrait renaître le commerce intérieur de l'Afrique qui, sous la domination des Romains, porta plusieurs villes de cette portion de la Mauritanie à un degré de splendeur qui nous semble aujourd'hui incroyable. Les produits des arts et les principes de la civilisation européenne iraient, par ces canaux, se répandre dans le centre même de ce malheureux continent, abolir le trafic inhumain des esclaves, et peut-être produire dans l'état social des nations une révolution aussi importante que celle qui résulta, pour l'Europe, de la découverte et de la colonisation de l'Amérique.

« Des principes d'économie politique bien entendus démontrent combien sont rapides les progrès d'une colonie sous un bon climat et sur un sol fertile. Quand on emploie des moyens dignes de l'objet qu'on se propose, l'expérience a fait voir que les effets dépassent toutes les espérances : si le surplus de la population de la Grande-Bretagne, qui aujourd'hui est déjà pour elle un fardeau insupportable, était transporté ici graduellement, en suivant un système régulier; enfin, si ses immenses capitaux étaient employés au développement des ressources naturelles de ce pays, il est probable que dans l'espace d'un siècle, ce nouvel empire pourrait devenir une seconde Angleterre. » WILLIAM SHALER, *Esquisse de l'état d'Alger,* ch. 6, p. 205-211.

Après un témoignage d'un si grand poids, je ne connais rien de plus digne d'être proposé à la méditation de mes lecteurs, en terminant ce mémoire, que le passage suivant, écrit par un Anglais :

« Toutes les puissances du second ordre se trouvant ainsi écartées, on reste en face du seul concurrent réel que la Grande-Bretagne puisse avoir dans la Méditerranée. Ce concurrent, on l'a déjà nommé, c'est la France. La France, que la coalition des rois croyait avoir écrasée en 1815, marche par une voie d'agrandissements successifs, qui déjouent tous les calculs, et déconcertent toutes les prévisions. Sur l'Océan, où notre position est formidable, il y a moins à s'inquiéter, à cet égard, que sur la Méditerranée, où elle peut être compromise.

« Évidemment, les efforts de notre rivale se portent de ce côté, et l'on dirait qu'elle veut réaliser le mot de Napoléon au moment où il s'embarqua pour l'Égypte. La conquête d'Alger, présentée d'abord à l'Europe sous un point de vue chevaleresque et sentimental, s'est convertie en une colonisation réelle, et la France a maintenant sur la Méditerranée deux royaumes qui se font face, et qui sont à trois jours l'un de l'autre. La côte africaine se hérisse de forts : Oran, Bougie, Bone, Stora, sont garnis de redoutes, et Constantine, le Berg-op-Zoom de l'intérieur, est une ville française. Ce n'est pas tout : la France, on l'a vu, convoite Mahon, qui serait une belle station intermédiaire entre la métropole et l'Afrique, et il est avéré que des ouvertures ont été faites à ce sujet auprès du cabinet de Madrid. Les velléités d'empiètement sont donc évidentes, formelles, incontestables : le plus vaste des bassins de la Méditerranée se trouve bloqué sur deux côtés par une influence active, intelligente, et qui, si elle ne balance pas encore la nôtre, tend du moins chaque jour à se placer sur le même rang. Que serait-ce si, à un jour donné, un des fleurons de l'Orient allait compléter une couronne déjà si riche? La Méditerranée serait alors interdite au pavillon britannique, à moins qu'il ne se résignât à y paraître sous des conditions d'abaissement et d'infériorité.

« Les progrès de la France sur la Méditerranée, le mouvement de sa marine marchande et militaire, sont des faits sur lesquels on ne s'arrête pas assez dans les conseils de notre amirauté. On sait vaguement que Toulon est un des plus beaux havres du monde, garni de vaisseaux que l'on s'est habitué à regarder comme inférieurs aux nôtres. Il en était ainsi en 1815; mais aujourd'hui, les choses ont bien changé. Ceux des officiers de l'escadre de l'amiral Stopford qui avaient vu les lieux il y a vingt-cinq ans, ont eu quelque peine à les reconnaître. Quand la paix de Paris arriva, la marine française, sacrifiée sous l'Empire, n'était plus que l'ombre d'elle-même; la chaîne des traditions était brisée, l'esprit de corps se mourait; les règles de la discipline et de la hiérarchie, les rudiments de l'instruction; tout s'en allait dans la confusion et dans le trouble. La paix a tout restauré : les éléments épars se sont rejoints, se sont ravivés au contact d'une génération pleine d'ardeur et de séve. En concurrents loyaux, nous devons le dire : la marine de nos voisins est aujourd'hui une belle marine, avec des vaisseaux bien tenus, des équipages disciplinés et instruits, des officiers courageux et habiles. Nous avons donc des émules dans ces mers : si l'on n'y prend garde, bientôt nous y aurons des maîtres.

« Si Toulon menace notre supériorité maritime, Marseille ne menace pas moins notre prépondérance commerciale. Dans aucune de ses phases, l'antique Lacydon, la fille des Phocéens, la ville grecque, n'a jeté un tel éclat et n'a marché vers une prospérité plus grande. A toute époque, elle a sans doute maintenu son autorité dans le Levant, où son commerce a jeté de profondes racines; mais en aucun temps cette autorité ne fut mieux justifiée et plus légitime.

« Marseille est pour la Méditerranée la place aux grandes ressources et aux prompts débouchés. Le marché y est sûr, facile, riche en capitaux; les affaires s'y traitent avec aisance et avec grandeur. D'ailleurs, il en est d'elle comme de Toulon : la guerre continentale l'avait laissée agonisante avec une population de 80,000 âmes; elle est aujourd'hui florissante, et compte 160,000 habitants. Tandis que, sous l'ancien régime, elle avait à peine pu atteindre un total de deux mille quatre cent quarante-deux navires pour le mouvement de son port, elle est arrivée, dans ces dernières années, presque au chiffre de huit mille bâtiments. Les relevés statistiques constatent qu'il est entré à Marseille, en 1837, sept mille quatre cent soixante-huit navires, jaugeant sept cent vingt-huit mille neuf cent dix-huit tonneaux; ce qui fait le quart à peu près de la navigation générale dans les ports de France. Sur toute la surface du globe, il n'y a que Londres et Liverpool qui présentent des chiffres plus élevés. Les autres grandes places de commerce doivent être rangées au-dessous de Marseille, dans les proportions qui suivent : Hambourg, comme 95 sont à 100; Amsterdam, 64 : 100; Trieste, 59 : 100; Constantinople, 97 : 100; New-York, 65 : 100; Gênes, 59 : 100; Livourne, 44 : 100.

« De 1814 à 1857, l'importance du commerce de Marseille a également quintuplé. Les recettes de la douane, thermomètre irrécusable, ont offert la progression suivante :

| | |
|---|---|
| En 1810. . . . . . . . . . . | 4,995,005 fr. |
| 1815. . . . . . . . . . . | 6,701,000 |
| 1820. . . . . . . . . . . | 14,766,984 |
| 1825. . . . . . . . . . . | 22,599,855 |
| 1855. . . . . . . . . . . | 50,997,886 |
| 1857. . . . . . . . . . . | 51,015,501 [1] |

« Pour compléter ce tableau rapide, il faut attribuer à Marseille le tiers environ du transit général des marchandises dans l'intérieur de la France. Ajoutons enfin que sur bien des points son industrie a vaincu la nôtre. Dans la ville même s'élèvent de magnifiques savonneries, des raffineries, des tanneries; hors de la ville, des fabriques de produits chimiques et les magnifiques salines de son littoral, comme celles de Rassuen, de la Valduc et de Bouc. Aucun élément de prospérité ne lui est étranger.

[1] Depuis cette époque, le commerce de Marseille a encore augmenté de beaucoup, puisque la valeur des marchandises entrées dans son entrepôt en 1859 a été de 178,000,000 fr., tandis qu'en 1858 elle n'avait atteint que le chiffre de 145,000,000 fr.

« Ce n'était pas assez que Marseille fût ainsi une ville considérable et la reine de la Méditerranée, le gouvernement français vient d'en faire l'intermédiaire obligée de tout le continent pour le service des dépêches et le transport des passagers. Une ligne de paquebots à vapeur, armés en guerre et partant tous les dix jours, lie aujourd'hui la France à l'Orient, et contribue à créer tout un ordre de communications qu'il sera difficile de rompre. Ce serait en vain que l'Angleterre voudrait élever une concurrence : elle y échouerait. Trop d'avantages locaux militent en faveur de Marseille : Londres et Liverpool sont trop loin. Les voyageurs et les lettres ne font pas de la nationalité contre leur commodité ou contre leur intérêt. De sorte qu'aujourd'hui la route directe de la Grande-Bretagne aux Indes traverse la France jusqu'à Marseille, et se dirige de là sur Alexandrie par des paquebots français. On ne peut se le dissimuler, nos relations sont à la merci de nos voisins.

« Qu'il survienne, en effet, une guerre, et voyez où nous en sommes. L'amirauté envoie des forces imposantes dans la Méditerranée; elle fait de Malte le rendez-vous d'une flotte formidable. Admettons les chances les plus belles : cette flotte maîtrise les escadres qui sortent de Toulon; elle les réduit à la défensive.

« Mais les paquebots, qui les arrêtera ? La vapeur se rit de la voile, elle est destinée à changer sous peu d'années tout le système naval. Que le gouvernement français embarque sur ses pyroscaphes dix mille hommes de bonnes troupes, et l'Égypte est à lui. Excitées par des communications plus fréquentes, les sympathies des Orientaux iront au-devant d'une nation préférée, et pour ne pas tomber entre les mains de l'Angleterre, ces peuples se donneront spontanément à la

France. La clef des Indes écherra à nos ennemis. L'Orient, qui aurait pu être, si le calme eût prévalu, une succession longtemps vacante, décidera ainsi de lui-même au premier choc, et s'adjugera, pour ainsi dire. Qu'on juge alors du rôle qui resterait à l'Angleterre. Maîtresse de l'Égypte et de la régence d'Alger, la France reproduirait sur le littoral de l'Afrique les pompes de l'occupation romaine, et nous n'aurions gardé, nous autres Anglais, quelques stations militaires ou de méchants îlots sans territoire, que pour assister, en victimes, au spectacle de ce triomphe et aux gloires de cette double colonisation. C'est là pourtant qu'on nous mène.

« On avait pu croire un moment que le génie français, peu propre à des objets qui exigent une application patiente et mécanique, nous abandonnerait durant de longues années le monopole de la vapeur, et ne s'en ferait pas une arme contre nous sur un théâtre à sa portée. Malheureusement cette prévision a été déçue. Marseille et Toulon ont compris que la vapeur était désormais le levier du monde, la puissance du jour, la loi matérielle de l'avenir. On y a construit des pyroscaphes sur une grande échelle, et l'Angleterre, pour avoir sommeillé une heure, s'est trouvée devancée. Elle en est aujourd'hui arrivée à ce point, que le service même des dépêches officielles entre Malte et Alexandrie s'effectue par des paquebots français. Nelson! Nelson! qu'en penses-tu? Les vaincus d'Aboukir et de Trafalgar prennent leur revanche.

« D'autres empêchements pouvaient retarder l'élan de cette émancipation imprévue. Ils disparaissent peu à peu. Les gîtes de houille de Saint-Étienne, obligés de desservir tant d'usines, n'auraient pas suffi longtemps à défrayer un mouvement considérable de steamers de guerre ou de commerce, et déjà l'on s'était vu à Marseille dans la nécessité de tirer du combustible de Newcastle. Cet obstacle n'existera plus dans deux ans. Auprès d'Alais, et à quelques lieues du Rhône, existent les houillères de la Grand'Combe, les plus riches que l'on puisse voir, et bientôt une ligne de fer amènera leurs produits, à peu de frais, dans le bassin de la Méditerranée. Un autre obstacle existait dans la construction des machines, pour lesquelles la France est encore tributaire de l'industrie anglaise.

« C'était un point décisif; car, en cas de guerre, nous aurions enlevé ces instruments à nos ennemis et paralysé leurs moyens de résistance. Eh bien! sur ce terrain même, la France marche à une indépendance, incomplète encore, mais réelle; elle y marche, il faut l'ajouter, malgré son gouvernement, et par le seul ressort de l'initiative particulière. Deux maisons de Marseille, MM. Benet et Luce, ont naturalisé, avec des frais énormes, à la Ciotat et à Menpenti, des ateliers de machines pour les bateaux à vapeur.

« Si la douane française ne conspirait pas, en quelque sorte, pour l'Angleterre; si elle n'avait pas grevé de droits exorbitants l'importation de l'outillage; si elle ne cherchait pas à stériliser par mille chicanes de détail l'élan de cette fabrication naissante, sans doute l'expérience aurait déjà obtenu un triomphe complet, et cette dernière pierre d'achoppement eût entièrement disparu. Mais cet essai, tel qu'il est, n'en a pas moins une portée décisive. Pour que le despotisme fiscal pût arrêter longtemps un progrès, il faudrait qu'il pût également supprimer le besoin. Ce qui est nécessaire arrive toujours à point nommé.

« Voilà où en sont les choses dans le bassin de la Méditerranée. En loyal Anglais, nous avons dit toute notre pensée sur ce que nous avons vu, observé avec sang-froid, jugé avec impartialité. Quand il s'agit de l'intérêt national, de la gloire et de l'honneur d'un pavillon, il ne faut flatter personne, les siens moins que les autres.

« Il nous a paru que la Méditerranée, foyer des plus grands événements historiques du monde ancien, allait, par un glorieux retour de fortune, devenir le théâtre le plus actif et le plus fécond des destinées modernes, le grand chemin de l'Asie, le centre commun où s'opérera une fusion inévitable entre l'Orient et l'Occident. Saisi de cette idée, nous avons dû rechercher quel rôle pourrait échoir à la Grande-Bretagne dans ce travail de recomposition, et si ce rôle serait digne d'elle et de ses enfants.

« Nous avons jeté les yeux dans toutes les directions, et nous avons vu l'islamisme s'en allant par lambeaux, l'Égypte souterrainement minée par l'influence française, Constantinople à la merci des Russes, geôliers de la mer Noire, le reste du bassin s'effaçant sur un plan secondaire, tandis que, représentée par deux cités du premier ordre, Marseille et Toulon, la France, s'appuyant sur un grand commerce et sur une grande marine, marchait à la conquête d'une souveraineté qui nous échappe et d'une prépondérance qui fuit de nos mains. Pour conjurer ces premiers symptômes de déclin, nous avons indiqué quelques mesures décisives, sans croire à leur efficacité absolue. Nous avons signalé le mal ; laissons à d'autres l'honneur et la responsabilité du remède. »

*Twelve months in the Mediterranean.* Traduction de la Revue britannique, IVe série, janvier 1859.

---

Qu'il me soit permis de terminer par cette sublime prière du psalmiste, que, depuis mes premiers pas dans la carrière sacerdotale, mais surtout depuis que je suis en Afrique, je ne cesse d'adresser, tous les jours, du fond de mon cœur, au père commun de tous les hommes, qui me semble avoir de grands desseins sur la nation française et sur l'Algérie.

Que Dieu ait pitié de nous et qu'il nous bénisse..... Que tous les peuples lui rendent leurs hommages..... et qu'il soit craint jusqu'aux extrémités de la terre.

Deus misereatur nostrî, et benedicat nobis : illuminet vultum suum super nos, et misereatur nostrî.

Ut cognoscamus in terrâ viam tuam : in omnibus gentibus salutare tuum.

Confiteantur tibi populi, Deus : confiteantur tibi populi omnes.

Lætentur et exultent gentes : quoniam judicas populos in æquitate, et gentes in terrâ dirigis.

Confiteantur tibi populi, Deus, confiteantur tibi populi omnes : terra dedit fructum suum.

Benedicat nos Deus, Deus noster, benedicat nos Deus : et metuant eum omnes fines terræ.

Ps. LXVI.

BIBLIOTHEQUE ROYALE

Plan généra

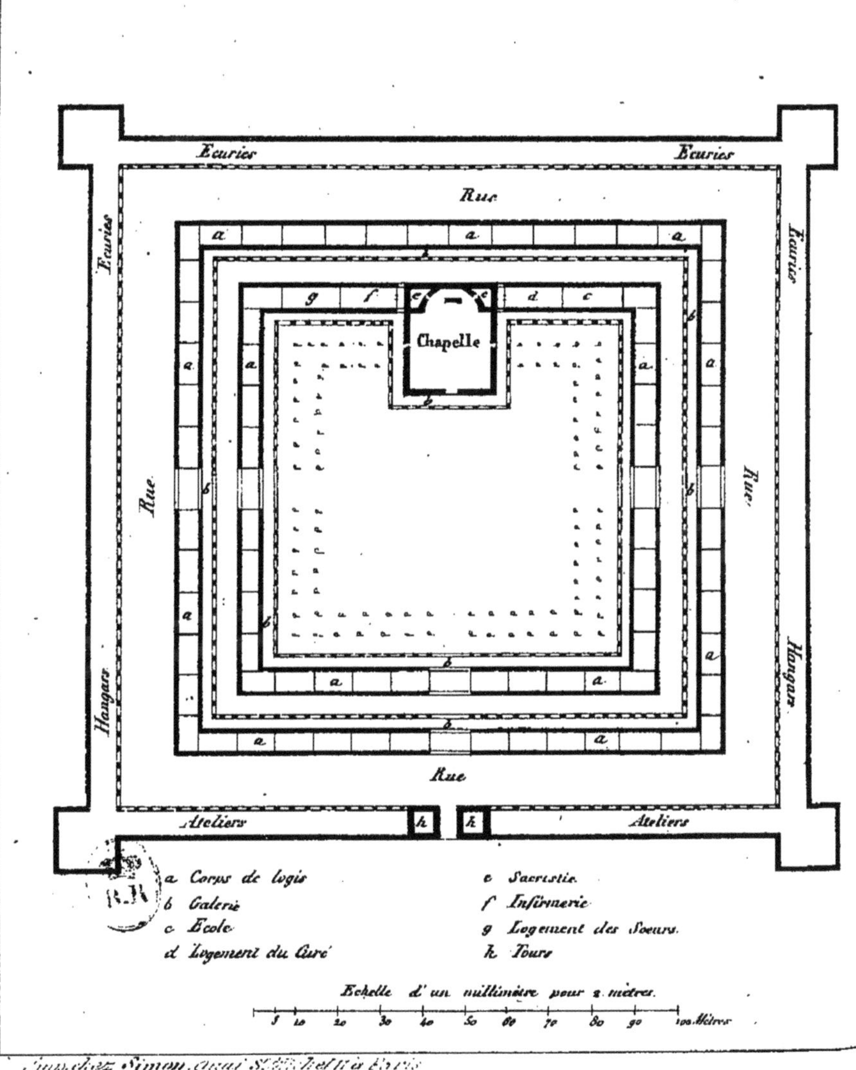

de la Ferme.

Ecuries
Ecuries
Rue
Ecuries
Ecuries
Chapelle
Rue
Rue
Hangars
Hangars
Rue
Ateliers
h
h
Ateliers
a Corps de logis
b Galerie
c Ecole
d Logement du Curé
e Sacristie
f Infirmerie
g Logement des Soeurs
h Tours
Echelle d'un millimètre pour 2 mètres
5 10 20 30 40 50 60 70 80 90 100 Mètres
Imp. chez Simon, quai St Michel

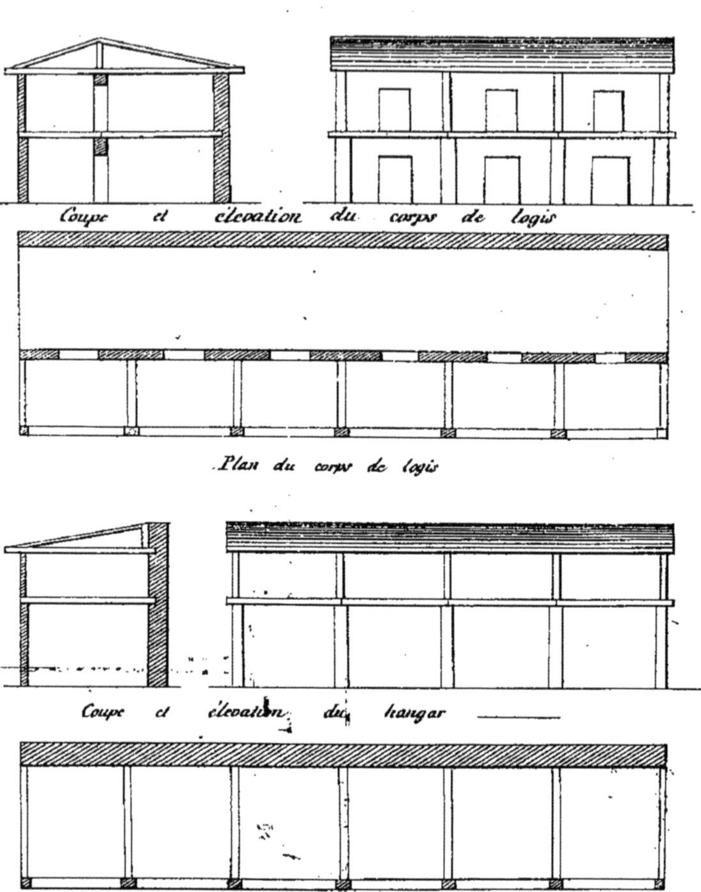

Coupe et élévation du corps de logis

Plan du corps de logis

Coupe et élévation du hangar

Plan du hangar.

Echelle de cinq millimètres pour 2 mètres.

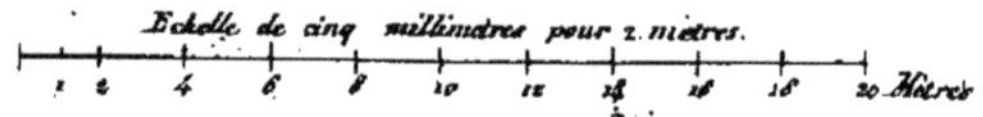


Gravé par Alexandre

www.ingramcontent.com/pod-product-compliance
Ingram Content Group UK Ltd.
Pitfield, Milton Keynes, MK11 3LW, UK
UKHW020120200726
13856UKWH00002B/651